国宝修复师

北京日报人物采写组 采写

中华书局

图书在版编目(CIP)数据

国宝修复师/北京日报人物采写组采写. —北京:中华书局,
2019.7
ISBN 978-7-101-13853-5

Ⅰ.国… Ⅱ.北… Ⅲ.文物修整-工作人员-访问记-中国
Ⅳ.K825.81

中国版本图书馆 CIP 数据核字(2019)第 066874 号

书 名	国宝修复师	
采 写	北京日报人物采写组	
责任编辑	朱 玲	
装帧设计	周 玉	
出版发行	中华书局	

　　　　　(北京市丰台区太平桥西里 38 号　100073)
　　　　　http://www.zhbc.com.cn
　　　　　E-mail:zhbc@zhbc.com.cn

印 刷	北京市白帆印务有限公司	
版 次	2019 年 7 月北京第 1 版	
	2019 年 7 月北京第 1 次印刷	
规 格	开本/880×1230 毫米　1/32	
	印张 8⅛　字数 150 千字	
印 数	1-8000 册	
国际书号	ISBN 978-7-101-13853-5	
定 价	56.00 元	

目 录

长久的关注（代序）

2016年，《我在故宫修文物》的突然走红，让国宝背后经年默默无闻的修复师们备受关注。然而，能在故宫修文物的毕竟是少数；能通过纪录片为世人所知，更是屈指可数。

《北京日报》历来关注传统文化，不甘心众多修复师长久的默默无闻、不为人知。

本书的主人公，既有通过纪录片而家喻户晓的故宫修复师们，但也不拘于红墙之内——有国家图书馆的"书医"，有沈从文先生的弟子、社科院的古丝绸修复专家，有青铜修复世家的后人；更是走出北京，将敦煌壁画、西安兵马俑的修复高手"收入囊中"。他们中既有皓首讷言的老专家，也不乏正当壮年的行业骨干；既有传统与传承，也不乏因地制宜、日益精进的新技术、新理念。这些修复师和他们修复的文物同样是国之宝也！

《国宝修复师》以个性鲜明的人生故事、详实准确的专业内容、充满细节的修复传奇，带您走进沉静而不失情趣、内敛与生动并存的国宝修复师的世界。如果这些文字所记录的历史故事、修复资讯，所传递的文化气息、工匠精神，能让人更多地了解、更长久地关注国宝，以及国宝背后的修复者们，则是文化之幸事。这也是一直以来我们的坚守与努力。

徐建华：我在故宫修复古书画

古书画修复，是个磨工夫的手艺。

徐建华在故宫待了四十二个年头，屋外那条狭长安静、红墙高起的甬道，他走了四十二年。这辈子，他只安安静静地做了一件事，就是在这里修复宫里上上下下的书画文物：上到一墨千金的国宝《游春图》，下到乾隆花园的一张贴落。

"干一行就是一行，就是拿来张卫生纸，也得把它裱好喽。"

在这个拼速度的年代里，他依旧按照老祖宗传下来的规矩，和这座偌大的紫禁城一起，安静地守在这里。

师傅的背影

徐建华，面容微腴，头发花白，格子上衣外面套了一件旧衬衫。因为母亲是旗人，他说起北京话来圆润透亮，京韵京腔。采访时，他正拿着棕刷，唰唰唰地往画上洒水，嘴里叮嘱着动作要领。徐建华是裱画科里年龄最长、资历最老的修复师，给作品接补颜色时，记者看到的是他握着毛笔、细纹密布的手。

五年前，干了一辈子文物修复的徐建华正式退休，但裱画室里徒弟多、师傅少，院里请他回来工作，他仍每天挤一个小时的公交去上班。

这天早上，他像往常一样，八点前就到了单位，从神武门的存车处骑上车，一路经过修葺一新的建福宫和四角挂龙的雨花阁，七转八绕到了办公室。裱画室的小院，位于慈宁宫的后身，是清代老太后颐养天年的地方，如今，成为整座故宫唯一有门禁的部门。

屋里，一张宽大挺实、披麻挂灰的红漆裱画案前，徐建华喝足了茶，戴上老花镜，细细观瞧上面的几幅隔扇。那是他这几天留给徒弟高翔的作业。此刻，几幅乾隆花园里"臣字款"的隔扇画页，已经修复如初。

晨晖时分，东面的阳光透过窗格斜射进来，一棱一棱地铺在地上，也挂在他雪白的头发上。

在故宫工作了四十二年，徐建华记不清他度过了多少个这样的清晨。一代一代，师傅传给徒弟，徒弟又变成师傅。

虽然世世相传，然而裱画技艺的起源时间，至今仍不可考。不过，从唐代张彦远《历代名画记》中可以判断，这项手艺在晋朝就已存在，迄今已有一千七百多年的历史。徐建华说，这份儿分量来得厚重。

徐建华工作照

徐建华工作照

沉甸甸的回忆是从师傅们的记忆开始的……

"1954年，老师傅们是院里从上海、南京、北京请来的，都是大鉴定家张珩、郑振铎跟徐邦达亲自推荐，解放前，他们就已经非常有名了。"那一年，正值盛年的修复师们从五湖四海被请进故宫。这其中，就有"苏裱"名家、后来成为徐建华师傅的杨文彬，还有古画修复大家张耀选、孙承枝等人。

苏裱，是装裱派别中的一种，细腻淡雅，修旧如旧，主要流行于江南一带。在清代，皇帝偏好这种装裱方式。皇家藏画，或送至南方装裱，或请南人北上。所以，这次各地的裱画师们进宫后，也形成了一条不成文的规矩：一间院子，南方人在前屋，北方人在后屋。前者水平高，主要负责修复一级文物，"主修画心，不管装潢"。

裱画师们个个神通广大，院里的领导如获至宝，不敢轻慢，即便是物资困难的年代，也坚持给他们发糖发蛋、发茶发烟，他们被叫做"糖蛋干部"，工资拿得比院长还高。

然而，老天也给了他们"九九八十一难"。

二十世纪五十年代的北京，冬天极冷，手被冻得伸不直，再厚的棉衣也挡不住寒风。"太和殿顶上一见白，人的手上就生冻疮。"南方师傅从小没见过这阵仗，受不住的，就回去了。一同北上的苏裱名家洪秋生，就因为冻得厉害，没多久就申请调去安徽博物馆了。

不过，让他们更头疼的，则是环境气候变了，书画装裱上的规矩跟着也变了。徐建华回身指指身后的墙，说，修复中有一道工序叫"上墙",意思是把修补好了的画作贴到墙上,撑平晾干。以前在南方,气候湿润,师傅多用木墙。但到了北方,气候干燥寒冷,就得改用纸墙了。两种墙质的伸缩性,以及对纸产生的拉力差别都很大,一不留神,就容易撕裂画心。

技艺早已熟稔于心的师傅们,进了故宫,不得不摸着石头过河,重新来过。

徐建华搬来一本《中国书画装裱大全》,上面有一段讲他师傅杨文彬修复米芾《苕溪诗卷》的始末。

1963年,这幅价值千金、颇具传奇色彩,甚至牵连着一桩命案的国宝重器,辗转到故宫时,已是四分五裂。领导看着它皱眉说,就请杨文彬先生主持修复工作吧。艰难的修复过程如今化作书上一个个复杂拗口的装裱名词。面对一堆从北宋年间流传下来的碎纸片,杨文彬巧夺天工,拿出了一身的绝活儿,最终,顺利使作品重现神采,全无破绽。

"启功、徐邦达、谢稚柳来了,都主动给我师傅递烟。能在1949年以前靠书画修复吃上饭,凭手艺站住脚的人,都不是一般人。"徐建华合上书,嘴角一扬。

当然老先生们也有自己的放松方式。"那时师傅挣一百一十元钱,相当于现在的一万多,家眷又不在北京,发了工资干嘛去啊,几位师傅一合计,干脆下馆子吧。"

徐建华说,那时故宫外面有洋车,出门一招手,"洋车!"拉起来就走。负责京裱的张师傅是地道老北京,知道哪儿的馆子好。

"点菜点菜!"张师傅边看菜谱边招呼,"这菜多少钱?才几毛钱？几分钱？好家伙！这钱得花什么时候去！"

他描述得活灵活现，让那些老先生的身影晃动眼前。

他成了第二代传承人

1974年，第一次进故宫修复厂时，徐建华二十三岁。

来前，他花了一毛钱进故宫，问看殿大爷修复厂是干嘛的，大爷说，是学技术的，年轻人都想来。

二十世纪七十年代物资紧缺，没有工服，没有套袖，进门只分给他一条围裙。冬天，屋里没暖气，取暖靠烧煤；门口也没有门禁，几十颗镏金门钉里有一个是机关，跟武侠电影里似的，按下去门才会开。

因为在南京当过兵，徐建华听得懂无锡话，这点特长，让他成了杨文彬的徒弟。

见面的第一天，师傅对他说："既然干就好好干，这行苦，干好不容易。"

这行苦？有多苦？在部队当了五年空军的他，心想这还能苦过当兵去？

随后，他便赶上了杨文彬主持修复《清明上河图》。

上一次修复《清明上河图》，还是在明代。如今画作已是布满灰尘，伤痕累累。徐建华说，整个修复过程，他印象最深的，就是杨师傅的样子："连着好几天都吃不下饭，烟一根接一根地抽。"那个耗神费力的身影，让他隐约明白了这行的苦。

不过，徐建华是家里的老大，自幼扛苦。跟随杨师傅前，他已跟着其他师傅上过半年大课，学下了徒弟的规矩礼数和基本技能。每天早上，不管师傅来不来，他都会把师傅的马蹄刀磨得又快又亮；而备纸等书画修复的基本活计，他也操持得老练麻利。

到了冬天，他还负责生火。下班前把报纸、煤球准备好，第二天不到七点就生上了炉子。烧到煤块在炉膛里烫起来，师傅来时，屋里已是热热乎乎。

"当徒弟，你就得处处用心。"

第一次穿画绳时，徐建华总穿错，师傅啪地一掏就过来了，变戏法似的，可自己怎么也没看明白其中的诀窍。晚上下了班，他就骑车奔了住在小石桥胡同的师傅家。

"杨师傅，这怎么弄啊，我怎么穿了好几回还是不成啊？"

杨师傅抽了口烟，笑着看他："你这个线团总搁自己怀里待着就对了。"

百思不得其解的事，师傅一句话就道破了机关。这些诀窍"抓住了，就是你的，抓不住就溜过去了"。所以，老师傅们聊天时，他从不懈怠，常常是竖着耳朵站边上听。不知什么时候，他们就会讲到浆糊的浓度；讲到托纸的选择；讲到宋末明初多竹纸，因为朝廷都在产竹的南方；讲到宋代的绢织得细密，所以破而不散……

长时间的恭谨，换来师傅多年的经验，更修炼了自己的悟性。

"他们上午聊，下午我就按着师傅说的方法做，旁边还有一个师傅没走，也会问问他这么做行不行。"第二天一早，杨文彬进屋后，看见炉子生上了，茶沏好了，刀磨完了，笔备上了，再打开案子上的画，发现下一道工序也做完了，就会冲着站在旁边的徐建华点点头，"师傅觉得行，他也很高兴"。

慢慢地，徐建华从师傅那儿零存整取地掌握了各个朝代用纸特点和选纸方法，学会了各种装裱格式，托绫子、打糨子、做立轴、做册页。三年出徒，一门不落。

老师傅们觉得小徐不错，便把自己的好茶叶分给他喝。

1977年，院里决定启动《游春图》的修复工作。这次，主修仍是杨文彬，而助手成了徐建华。

他们面对的，是隋代著名画家展子虔唯一的传世作品。1949年前，大收藏家张伯驹用了二百二十两黄金才换回它来。历经了上千年的光阴，此时的《游春图》已丧失了昔日神采。

古书画修复，讲究"洗揭补全"四个步骤。洗，是指去除画心上的污迹和霉斑，但处理不当，则会连颜色一同洗掉。《游春图》是一千多年前的重彩绢本的青绿山水，年久颜色失胶，更易掉色。所以上水淋洗前，要先用一定浓度的胶矾水轻刷在画心正面，达到固色效果，"一遍胶往往不够，晾干后用小绒布擦，掉色的话要再刷一遍"。徐建华说，《游春图》绢薄，对胶的要求高，必须得小心翼翼，光上胶固色，他就前前后后刷了三遍。

而这才是破题，文章还在后头呢。

把命纸、背纸都去掉，画心背后露出的补条足有上千个。面对一堆伤痕累累的"绷带"，留哪个，换哪个，他必须都在脑子里记着。"补条上有画意，弄不好，小人的鼻子眼睛就没了。全揭下来不行，拼不上去了。怎么办？揭一半潮一半，涂上糨子，把它贴回去，之后再贴另一半。" 就这样，如履薄冰，反反复复，补完之后，徐建华算了算，一共用去纸条七百多份。

浩大繁复、步步惊心的修复工程持续了半年，不知是不是隔了几十年的缘故，他只说得云淡风轻。

1978年高考时，北京大学考古系到故宫招生，院里推荐徐建华去。多少人打破了头的机会放在他面前，他婉拒了。他说，去了出来当官，可自己的手艺就断了。

"为什么老师傅喜欢我，因为我没有别的心，一心想干这个。"

故宫的古书画修复技艺，徐建华，成了第二代传承人。

守护与传承

学生高翔刚来故宫那阵儿，总往武英殿跑。她趴在展柜前，盯着师傅徐建华修复的那幅徐渭的《竹墨图》，怎么也看不出破绽。徐渭的画是没骨技法，十分难修，可高翔愣是"使劲看都没看出来"。

徐建华说，想干好这一行，说来说去，就是经验多不多。看得多，干得多，熟了才能生巧。

2003年，江阴市一栋民国初年的西洋小楼里，发现了四个神龛，正面雕着双龙，四周嵌满蝙蝠和牡丹。就在拆迁工人不小心把这些神龛打碎时，四份神秘的卷轴应声落地，由于破损严重，它们被紧急送往故宫修复。

随着卷轴徐徐展开，徐建华和修复部的同事发现这是四份清代诰命书，用蓝、紫、黑、红、白五种颜色的麻丝制成，是光绪皇帝亲自颁发给江阴官员的文书。

文物价值上，它们远不及这里曾经修复的《清明上河图》《五牛图》，但徐建华总会想起师傅杨文彬的那句话："书画勿论价格都要同等对待，就像医生看病不论穷富，医德最重要。"

四份文书中的三份还好，原绢尚全，只需对画心略作修补即可。而那份《章润华之父母诰命》则着实给大伙儿出了个难题：原先长240厘米、宽30厘米的画绢，如今只剩下个巴掌大的残片，所有的部分都需要重新补齐。

放在早先，老师傅们会去库房找一些清宫藏绢作为修复材料。然而，从二十世纪七十年代末起，那些老年间的纸绢开始被定为文物，"一打报告，说不让用了"，没有材料，于是许多问题都得重新摸索。

他们眼前的这件诰命残片是光绪年间的稀薄绢。老材料，不让用；新材料，买不着。到底怎么办？最终，徐建华决定带着同事改造现有补绢。有个成语叫"抽丝剥茧"，而他们要做的，就是把绢丝从补绢上一点一点抽调，把它变稀薄。

他们先找出的是绢丝和织造方法类似的仿古画绢，接着按照残片绢丝的密度，一根根抽取经纬绢丝，经过反复比对，达到了和原绢最大程度的相似效果。

最终，在经历托命纸、染色、上墙、包边、再上墙、砑光、加米贴、地杆、轴头、别子等步骤后，原本残缺不全的诰命残片，被修旧如旧地复原得和其他三份诰命文书大小、形制都一样。

至今可以看到当年的这样几张照片：同一块画绢上，左边是细密紧实的新绢，右边是丝缕分明的稀薄绢；而在一张铺满卷轴的画案前，是徐建华眯着眼专注修补的身影。

他说，书画修复，既不能不管不顾乱逞能，也不能缩手缩脚，"是个胆大心细的活儿"。

几十年来，徐建华始终守着这点匠人对技艺的初心和感悟，在这方紫禁城里的僻静小院，贴贴补补，描描画画。

被溥仪带出宫的《湘江小景图》重返故宫时，画心碎成米粒那么大，他和同事光拼对就花了六七个月；1976年唐山大地震时，他守着裱画室里的文物，两个月没回家；"十年动乱"结束以后，他同时忙乎七个展览，一下累得急性胃出血；而几年前，新疆出土一双纸靴，他又搭飞机倒大巴去高昌古城，帮人家做鞋纸"揭秘"。

在他大半辈子修复的作品中，有展子虔的《游春图》、韩滉的《五牛图》、文徵明的泥金《兰亭修禊图》、赵孟頫的《百马图》、文彭的草书《千字文》、林良的《雪景双雉图》、解缙的《七方诗》、马和之的《唐风图》、张珪的《神龟图》、王原祁的《晴山叠翠》等几十件珍贵文物。2000年，他还承担了国家文物局"书画装裱质量的影响因素及其影响机制"研究工作，一年后，又带领同事共同完成了故宫博物院年度课题"清代书画装潢研究"。

2012年，新一批的国家级非物质文化遗产项目代表性传承人名单公布，古字画装裱修复技艺一栏中，写的正是他的名字：徐建华。

徐建华说装裱的人大都腿不好，因为总得站着

紫禁城里，大家叫他徐老师，紫禁城外，大家叫他专家。人们信任他的技艺，也信任他的眼光。

一天，故宫前副院长杨新找到他，兴致勃勃地问："有这么一件事我跟你说说，我前几天在别人手里发现一张东西，是张旧画，元代的，上边有好多折痕。你给断断？"

徐建华想了想，说："那折痕规律吗？"

"规律，都跟筷子似的那么长、那么宽。"

"可能不真，"徐建华笑笑，"那折痕是用机器压出来的，所以长宽都一边齐。"

也有拿着画直接去他家拜访的。徐建华哭笑不得地说："说是让我装裱，可一进门就问我，徐老师，您看这幅画是不是故宫的，是不是宫里原装的？结果我说完后，人家就拿着画走了。第二天我才醒过闷儿来，合着装裱是假，就想听听这是不是真画啊。"

虽然周围有盛情邀请，也有虚晃一枪，但不管怎样，徐建华心里还是挺高兴——在过去，好的修复师都得会书画鉴定，对文物格式、工具材料、装裱技术和历代书画的作伪方法有些研究的，才敢张口。

如今，徐建华有一个还没成型的计划，他想和几位同事一起，跟院里申请拍一部纪录片。他说，想把以前的装裱格式，详详细细地录制下来，"手卷、册页、南北方不同装裱形式的区别、材料的使用等等"。

"早晚有干不动的一天，那时就真得退休喽。"徐建华笑笑，把自行车存在车棚，空身儿往故宫外走。

　　穿过神武门，仍是那座车辆来来往往，人群川流不息的城。他转身上了109路。上车前，他说："咱就希望身上这点手艺，能够更久远地传承下去。"

杨思思采写于2016年3月　徐建华提供图片

王津：故宫「钟」情

　　冬日午后，阳光泼洒下来，"故宫男神"王津逆光坐在一座可以容纳好几十人的会议室里等着被采访，五官在光影中更显儒雅。约定的时间是下午两点，王津提前一刻钟就到了。他站起来，把记者一一迎进来，待众人落座后，才自己坐下，淡淡地笑着解释："正搬家呢，小屋里工具、文物全都打着包，实在不方便请各位过去，所以在这儿借了个会议室。"

　　会议室的墙上，挂着一个圆形的钟，不紧不慢地转着，王津不时抬头看一眼，时间、钟表已经自然而然地成为了他生活的一部分。

不独光阴朝复暮

王津，红了，在年过半百的时候。外人都说，他红的原因是一部《我在故宫修文物》的纪录片火了。他不太认同，他把自己的意外走红归结为："打动观众的是文物。"

这就是王津，故宫博物院文保科技部钟表室的修复师。他自己就像是一块精密的机械钟，无论外界如何，自己永恒维持着滴答滴答的节奏，不急不躁，不慌不忙。

2013年，王津就曾经上过电视，中央电视台、北京电视台等等全都露了脸儿。那会儿，他坐在文物背后，偶尔点评解释一两句，全神贯注地注视着他手里的时钟。

当时，一位男性观众徒手击碎了故宫大殿的一块玻璃窗，导致临窗陈设的一座钟表跌落受损。

受损的玻璃窗在故宫内西路开放区的翊坤宫正殿原状展室内。这座宫殿建成于明永乐十五年（1417年），原名万安宫，明嘉靖时改称翊坤宫，是明清两代后妃居住的地方。清代慈禧太后住储秀宫时，每逢重大节日，都要在这里接受妃嫔们的朝拜。光绪十年

（1884年）慈禧五十寿辰时，也曾在此接受大臣们的祝贺。如今，这座宫殿保持着清末原状陈列，向观众开放。但更多人熟悉这座宫殿，是因为一部《甄嬛传》，华妃娘娘的寝宫就假设在翊坤宫里。

受损的钟被第一时间送到王津手里修复。故宫还特意组织了一次集中采访，十多位记者一拥而入，王津不时提醒："各位，稍微留神，尤其是背双肩包的。屋里窄，桌上东西多。"

安顿好了"长枪短炮"，王津端坐在文物后边，慢条斯理儿地说："这次被损文物叫铜镀金转花水法人打钟，是清宫旧藏，18世纪英国制造。其底部内置机芯，正面有三组料石转花。底部上方四角亦安设转花。文物中部为三株棕榈树及水法装置。棕榈树托起上方的圆形时钟，钟上立一敲钟人，与钟表机芯联动，可报时。该文物按照国家文物评定标准，为二级文物。"

全程没打磕巴，没有废话，干脆利索。

他偶尔用手轻指文物，点到即止，仿佛手下不是冷冰冰的金属件，而是一朵娇嫩的花苞。

此时，桌上文物的真实状态，用伤痕累累形容，毫不夸张——原本的防尘罩已经全部散架，直立钟体上部"扭伤"，万幸的是最娇气的白色表盘完好无损，但表蒙子脱落了，齿轮仍然可以运转。

"修得好么？"

王津胸有成竹："受损的玻璃件儿，宫内仍有原料备用，修复不成问题。"

那会儿王津还没火，所有镜头都对准了他面前的钟。这位儒雅的钟表修复师坐在钟后，丝毫没有关注到镜头，耐心地讲解着往事：这款钟表是英国特别为中国打造的，不仅制作工艺中融汇了东方宝石镶嵌技艺，而且出厂就是两座。"西方自己制作钟表多是一座，只有东方讲究'好事成双'。"

如今，王津再出现在镜头里，依然愿意将文物放在前面。他很满意自己的设定——一位最佳男配角，发挥出钟表的最佳状态才算是他的本职工作。

一弦一柱思华年

即使每天把时间握在手里，匆匆时光依然从指缝里逝去。今年，王津体检的时候猛然发现，从小到大保持的1.5的视力下降了。

"岁月不饶人，也是该眼花了。今年视力0.8。"王津摆摆手，笑了。这笑容背后凝结着一丝不得已的怅然。

1973年，王津的奶奶去世了。十二岁的少年搬去跟爷爷同住，说照顾其实有点牵强，更像是就个伴儿。

"爷爷在故宫博物院图书馆工作，小时候我偶尔会去给他送饭。每次就让送到神武门外边儿，爷爷溜达到门口取。他一般不愿意让我们小孩儿进宫玩，他说了这宫里一草一木都是公家的。"至今王津谈起这段的时候，眼神都会发光。这是他儿时的记忆，饱含着对亲人的记忆，"那会儿故宫对我而言，就是神秘的。有时候也会胡琢磨，高高的宫墙里到底有什么秘密？后来爷爷年纪大了，有时候报医药费、去医务室拿药，也是我去跑腿儿，那会儿故宫就是一个单位，每次匆匆来了就走，顾不上多看。"

1977年，王津从北京市第九十一中学初中毕业，准备响应号召下乡。10月，朝夕相伴的爷爷去世了。

算是一种对家里的照顾，王津接到通知可以去故宫接班。一开始得到的信儿是去图书馆。也是恰如其分，王津话不多，目光清澈，文质彬彬的。

不过，院领导可能觉得男孩子更适合在文物修复厂工作，上班第一天，老厂长就带他到各个工作室转了一圈。

一转就圈住了他的岁月。

走到钟表室，一席帘子半遮着屋门，只有一位师傅正忙乎着，他就是后来王津的师父——马玉良。

他停下手里的活，站起来引着王津去看桌上摆着的两件钟表："你喜欢什么呀？"

王津透着实在，憨憨地说："不知道。"

他又问："你喜欢动的还是静的？"

"喜欢动态的，好玩儿。"王津打开了话匣子，"我三四年级时拆过自行车，把链条卸下来，洗洗车轴，上上机油，觉得挺有意思。"

老师傅笑了，眯着眼睛，说了一句"挺好"。

对于这次面试，王津已经记不太清楚了，"就感觉别的屋里人挺多的，木器室的地上都是刨木花，没有下脚的地儿都"。

大概过了十来天，王津接到了通知，去故宫博物院钟表室上班了。王津以一种全新的视角，重新打量着爷爷工作了一辈子的地方，牢牢记得千百次的叮咛"不能拔一棵草、摘一朵花，不能对这里的任何东西心怀觊觎"。

几年前，在一场民间钟表展览会上，台湾著名收藏家黄嘉竹带来了一件得意的藏品——英国维多利亚女王送给女儿的一块怀表。一片追捧赞叹声中，黄嘉竹拉着王津，执着地询问："故宫有没有这样的表，这上面有女王的签名。"

王津仔仔细细地把怀表放在手里端详了一番，诚恳地摇了摇头。黄嘉竹心满意足。

确实，一辈子沉浸在精确到毫厘的机械修复中的王津，对于价值的判断有一种难以言喻的超脱和淡然。也许，这就得益于爷爷儿时的叮嘱。

择一事"钟"一生

刚开始上班，王津学会的第一件事儿不是修表，而是打水。直到现在，正在打包的老修复室一角依然摆着一个脸盆架子。

"每天下班，师傅都得洗手。他不洗手，谁也不敢动。这水谁打？总不能让老师傅临下班自己去打水吧？当徒弟的得有眼力见。"

为什么下班先洗手？

因为传统的钟表修复讲究的是用煤油清洗机械构件。双手必须长年累月地浸泡在煤油里，有时候手一洗就得一个小时。"师傅说了，宁可伤手，不能伤文物。"王津说得轻描淡写。"谁干了谁知道，别说手了，鼻子就熏得受不了。"

然而，古钟的铜质零件经过这样一遍遍的清洗，才能焕发出久违的光泽，也露出了程度不一的残损。"这是修复后过几十年还是保持很完好的原因，有的可能会有一层淡淡的氧化层，但绝不会有腐蚀的痕迹。"

王津的师父是从故宫警卫队转来的，严肃不苟言笑。每天八点上班，他七点半就进办公室，也不言语，绕着工作台转悠。

"我们的活儿都摆在桌上，他从来不问你干到什么程度了，活不干利索了，绝对不允许你碰下一个活儿。"

其实说是干活儿，第一年学徒是不让碰文物的。就是练练基本功，比如弄点铜丝，粗的细的，锉个销子之类的。

有时候，师父会给一些小型的闹钟，让王津拆了再装上。一套走时的，一套打点，趁着师父不留神，王津拆的时候小心翼翼地把两套设备分开摆。"师父看见了，一把就给混在一起了，练的就是眼力。刚开始装的时候肯定费劲，一个零件安得不到位，表针就不走。"

这规矩谁定的？没人说得清，师父的师父就是这么一辈儿辈儿的传下来的。

师父的师父是谁？2014年12月，国务院批准的第四批国家级非物质文化遗产代表性项目名录发布了，古代钟表修复技艺榜上有名，王津是第三代传承人。他的师父马玉良是第二代传承人。第一代传承人写着徐文璘的名字。

其实，再往前捯可以追溯到1601年，意大利的传教士利玛窦将四十多件贡品送给明朝的万历皇帝，其中就包括一大一小两面西洋钟表。至此，红墙金瓦的紫禁城里，除了打更的声音外，增加了滴答滴答钟表流转的声音。同时催生的一门技艺，就是钟表修复技艺。

最初的钟表技师是西洋传教士。1648年，葡萄牙传教士安文思抵京，他被征召为清宫御用作坊——造办处的钟表匠师。到1811年，总共有十五位传教士入宫承接皇帝下达的制钟、修钟的任务。这些传教士们钻研皇帝的喜好，把当时最新的、最有趣儿的钟表送到宫里，车马游船、花鸟鱼虫、各式人物，时间通过发条被美化成了一幕又一幕的好戏。

到了清乾隆年间，宫里干脆成立了"做钟处"，制造钟的技术达到鼎盛，参与设计、制作、修理钟表的技术人员也随之增加。钟表匠人也有了中国人的参与，其中还按照地理位置不同，分为南匠和北匠。还有一类是做钟太监。

三百年间，故宫的钟表修复技术从未断过档。因为钟表是实用器，所以即使1924年冯玉祥的部下把末代皇帝溥仪赶出了皇宫，一批钟表匠人依然留在了宫里继续工作。

清末前后，仍有少数钟表维修的工作人员在宫里供职，其中就有徐文璘。相传，他早年还曾经跟洋人切磋过手艺。

之后，徐文璘培养了徐芳洲（徐文璘的儿子）、白金栋、马玉良、陈浩然四位学生，他们成为故宫修复古钟表的第二代传人。

如今，王津收了徒弟——亓昊楠。像是钟表一样，这门技艺又一次可丁可卯地传承着，没有漏跳或者缺转儿。这位年轻人也爱用手工锉，不爱用外边的。"早就有车床锉了，但是稍不留神就容易弄坏了，还不如手工快。"在他俩的工作台上，桌沿儿加装了一根竹条，就是为了锉东西方便的。

"今年，我们这屋里还能热闹些，应该能来一两位新徒弟。"王津说，"这些老规矩也会传给他们。"

鬓发虽改心无改

王津数不清楚自己修过多少座钟，只一个概数：四十年两三百座。但是经手的每一座钟，一提名字，基本当年修了哪儿，他都记得清清楚楚。因为每一次都是耗费心力的活儿。王津说："修钟表跟别的不一样，你糊弄它，它就当场给你撂挑子——不走。所以别说一点儿不留神了，差一分一毫都不行，必须顺了每个零件的意，这钟表最终才能滴答滴答走起来。"

不过要说印象最深刻的一件，"变魔术人钟"被王津提起的次数最多。

这座钟由瑞士钟表大师路易斯·罗卡特在道光九年（1829年）制造，高70厘米，宽50厘米，厚约30厘米。神奇之处在于，钟内有一个变戏法的老人，手里拿着豆子、小球。运转时，钟顶小鸟不断张嘴、转身、摆动翅膀，身下圆球随之转动，三个圆盘也同时不断变色转动。

"故宫的钟表都是独一份儿的。我们也到访过不少国外博物馆，也接待过不少外国文博界的专家，还没有谁敢说自己馆藏的西洋钟表比故宫的精彩。"一贯温润的王津难得激动了，手舞足蹈了

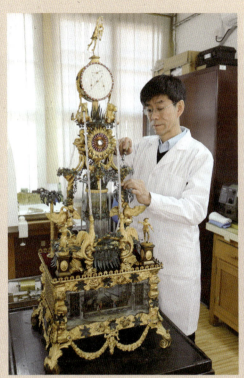

王津工作照

王津工作照

起来。

您想啊，这些故宫藏的钟表都是"贡品"，是送给这个国家最尊贵人的礼物，代表着一种仪式。尤其是清代的顺治、康熙和乾隆三位皇帝，钟情西洋钟表。为了讨皇帝开心，各国送来的钟表，走时、打点的基本功能已经被忽略，复杂独特的演绎功能才是较量的重点。因此，这些钟表被修复师们爱称为"玩意儿"。

据说新中国刚成立不久，这座"变魔术人钟"就计划修，但是一耽误赶上了"文化大革命"，就回库了。老师傅们见过这钟，形容起来就一个字"破"。

1998年，王津动过念头修这座钟，但迟迟没敢上手。犯怵的原因是，这座钟太复杂了，共有一千多个零件组装成了七套系统、五套机械联动，底盘的齿轮多得就像一座盘根错节的"迷宫"，"瑞士的专家也来宫里看过，这是公认的、世界上最复杂的西洋钟表之一"。

2007年，荷兰想借这座钟展出。王津和亓昊楠从仓库小心翼翼地把钟从库里请出来。"机芯、开门都坏了，链条也断了"。

开始修的时候，没有图纸，王津师徒俩一步步地拆，细小的零件摊了一张双人写字台。俩人喘气儿都小心翼翼地，生怕吹跑了什么。

该补的补，该修了修。发条坏了，配几盘来；小鸟的气囊被虫子咬了，从荷兰买皮子，给补上。"当时国内没有这么薄的皮子，不少小的气门儿都是重新做的。"王津师父那一辈，也有替代方法，用民国时候的纸币补羊皮气阀。这种纸币的韧性比纸强。"现在纸币没有了，只能买皮子了。"

装起来调试的时候最磨人。"七套系统有连接，有管走时的，有管音乐的，有管开门的，有管鸟叫的，有变魔术的……一环扣一环，稍微差一点儿就打架，卡在一起还不敢硬掰开。好在我们都有耐心。"

前前后后忙活了一年，什么情况下开门，什么情况下小鸟飞出来，什么时候出什么颜色的球，每一步都要试，所有都是有联动性的，前后错了一个，就得推翻重来。

这座钟终于修好了。

2010年，它还远赴荷兰展出了半年。"不过跟在故宫钟表馆的钟表一样，演绎功能并没有展示。感觉有点可惜。但也理解。"

如今，王津的同行寥寥无几，不仅因为经济条件好了，手表也变成了一种"快消品"，坏了买块新的就是了，还因为外边修表都是标准件儿，成批量的零件提前生产好，哪儿坏了换上新的就行了。而王津过手的钟表没有参照物，所有的过程都得自己琢磨。"修复的每一步，都包含了当时人们对机械的想法，蕴含着当时匠人的想象力，体现了民间工艺人的巧思。"打开一座钟，一位一位古老匠人真实地还原出来，当年是敷衍了事的糊弄，还是谨慎耐心的修整，一目了然。几十年，甚至几百年后，王津和徒弟的手艺也将通过这种方式传递下去。

在《我在故宫修文物》的纪录片里，王津正在修的是一座乾隆时期的大型钟，老规矩一对儿。这是他们为了拍摄，特意从库房里翻腾出来的大家伙，一百多年都没人动过了。

这对大钟，每座钟最下面是一组跑人，正面是两层，四开门。第一道门开了，还有一道门，里面有转花表演。钟表的中层干脆藏着一幅动态的田园风景，迎面是几只小鸡，翅膀可以拍动。旁边有一汪水，上面一只小鸭子正在畅游。再往边上有小溪，一只大公鸡带着一只小鸡正在捉食儿。还有一道门儿，打开了有人在纺线。

如此复杂的场面，完全通过机械连接，其复杂程度可想而知。王津打开钟表一瞅，"嚯，机芯都坏了。可能早年间皇帝身边的工匠修过，但没成功，零件拆了就直接搁里边了，又是灰又是锈"。

"这算是碰上了好师傅，起码都给你扔里边了，没丢了。这要是缺个别零件儿，又没有组装图，那就真抓瞎了。"王津干上活儿，永远是一副好脾气，乐天派，"多好啊，这么多年，搬家、调库，零件基本没少，不错！"

修复依然从最底层开始，发条断了，盘新的。所有钟表零件都是挂在木材料上，但这上百年的木头在北京干燥的天气下早就变了形儿，直接影响的就是齿轮咬合，本来二三毫米的量，生扩大到了五六毫米，修复起来就一个窍门——慢慢调。

有些齿轮的尖儿缺了，那就补上。0.3毫米的尖，在王津眼里算是正常的。"如果所有齿都掉光了，那就把轮片摘下来，换一个，但是轴承接着用。如果因为一两个尖儿没了，就换全套，那是外边修表的。"王津说得铿锵有力，"故宫修钟表，绝对是最小干预。"

王津偶尔也要按照博物院的安排出席一些活动，比如参加《我在故宫修文物》电影的发布会等等。他的头发每次都梳得一丝不苟，几根白发夹在其间。

有人夸他："您看着真年轻。"

王津笑而不答。一辈子踏踏实实干活，通过双手与异国古代匠人的智慧对话，凶猛的时光也被感动得温顺起来。

初会便已许"钟"生

跟钟表打了一辈子交道，王津却没给自己置办过几块像样的手表。他说："看时间的方法可多了，我们工作室里永远有标准钟。修复的时候要照着对时间的。"

在他的时间里，他习惯性赶快。

"早点到，一切都有准备。"王津说，"经过盘点，故宫博物院如今珍藏着大约一千五百座西洋钟表，其中我上手修复过的有两三百座。如果再算上前两辈修复师，大约有一千多座被修复过。但是大约还有三百到五百座在库房，从来没有动过。"

说着说着，他先把自己逗笑了："谁都不愿意干复杂的，所以去库里提文物的时候一般捡着容易的修。剩下的都是不好啃的硬骨头，修复工期肯定也会越来越长。""小亓这代，我看是修不完了，至少还得有两三代人，才能修完一遍。"

而且现在文物的保管环境变了，恒温恒湿，伺候得特别到位。一件钟表修好了，也没有人跟皇上似的摆弄着玩儿了。就算是偶尔需要演示，也就是象征性地上个弦，动一动就收好了。"就是我，有些钟表修好之后，我也没有机会再看它动起来了。这是一种遗憾，也是一种满足。"

那以后，钟表修复师干什么去？"目前，故宫西洋钟表还处在抢救性修复阶段，随着钟表收藏越来越完好、展览安排越来越密集，保养性修复或将成为以后修复工作的重点。这都需要新鲜血液的注入，为宫廷钟表修复带来新的活力。"

有时候，王津也被邀请去救急。比如有一年瑞士在北京办一个钟表展，结果一不留神把一个钟给摔了。现从瑞士搬救兵，显然不赶趟儿了，有人想到了王津。

这是一个写字人钟，故宫有类似的，王津没修过，但看师傅们修过，小人拿毛笔写字，落笔的字儿居然有笔锋。夜里十点多了，王津赶到了现场，诊断结果是"其实也没什么，就是一个链子断了"。

可是现场没人弄得了，还得王津亲自上手。"我给他出主意，干脆把坏了的链子摘了，去买一根0.5毫米的钓鱼线。这种线粗细合适，韧性也好，还有劲儿，能救急。"

"行，行，行。"对方一听钟有救了，哪还有不答应的道理。

王津嘱咐人家："这就是救急，真的还得换链子。"

现在，王津名气大了，别说请他出山的人了，想要采访他的媒体都需要排队，才有机会搓堆儿跟他聊两句。有时候问的问题重复了，这位故宫的文物修复师依然温文尔雅地回复着，不厌其烦，也从来没说过"你看看以前的报道"之类的话。

去年5月，王津跟爱人去多伦多旅游。有俩留学生冲着他就走过来了，开门见山地问："您是故宫的王师傅吧？"

王津突然有种"网红"的感觉了。"原来在北京，确实认识我的人不少，不认识的上来要签名儿的，或者跟公交车站等车要合影的，我都碰上过。这么老远还有人认识我，看来这片子传播得真不错。"

回到班儿上，王津还跟四十年前一样，该干嘛干嘛。有人撺掇他开个微博，跟大家交流交流。王津没同意，他说："开了不回复人家，我心里不落忍，不尊重留言的人。可是看这个，我又没时间。而且老了，眼睛就不好了。我现在特别注意保护眼睛，大夫说我左边眼压高，但是放大镜在这只眼睛上带了一辈子，早就适应了，换到右眼上去还真不行。"

四十年前，王津去钟表修复室里转了一圈儿，从此与钟表打了一辈子交道。儿子在他的耳濡目染下，如今也成了一位钟表修复师。提起这事儿，王津挺知足。

"儿子从小就跟着我一块上班，放学后就在工作室旁边写作业，看着这些老宫廷钟表长大，对这个有感情、有兴趣。"和大多数90后的年轻人一样，王师傅的儿子平时跟父母交流的内容不算广泛，"我们每天在一起聊的都是钟表，有时候他回家来谈，有时候就在微信上交流。"

采访结束，他骑着一辆1986年产的凤凰牌自行车回修复室，夕阳西下，他一边慢悠悠地戴手套，一边说："我们这个行业，择一事终一生。再干四五年，我就到了退休的年纪了，如果身体允许，如果故宫需要我，我还是会继续留下来修文物的。"

　　时钟滴答，我们听过无数的故事，最好的大抵也就是这样了吧。

王津徒弟亓昊楠讲述了魔术钟的修复过程

　　魔术钟外观为铜镀金古典庙宇式，没有表盘，在屋顶正中间有表示时和分的两个方形小窗，按时间蹦字。

　　屋顶端立有转球和小鸟，方形小窗下还有三个圆盘，运转时小鸟不断张嘴、转身、摆动翅膀，身下的圆球也随之转动，三个圆盘同时不断变色转动。

　　下面部分是魔术人表演，当表演开始时屋门打开，魔术人坐在桌子后面手持两碗，其头不时左右摇摆，同时抬起两碗让观众看到桌面没有任何东西，桌子中间有一盒子，里面先会跳出小鸟，然后消失，随着两碗不断扣下抬起，每抬起一次碗的下方均会出现不同样式和颜色的小球，最后抬起时中间盒子里的小鸟会出现在碗的下方，同时关门，表演结束。

　　修复此件钟表前，我们对其外观做了仔细逐一的检查、研究与讨论。由于它含有七套机芯，且每套间都互相联系，故决定把此钟分为六个部分来进行修复。修复的第一部分是负责全部转花运转的动力机芯，此机芯主要带动顶部三个转花与底部两侧柱子下端转花的运转。

　　此部分的修复相对简单，经过清洗与组装调试后，恢复了其带动转花的机能。

　　修复的第二部分是魔术人部分。首先经过重新的描绘与补画，将魔术人衣服与脸部表面脱落的颜色进行恢复。在魔术人体内还隐藏许多连杆，它们与底部的变魔术机芯相连，当开动时随机带动魔术人摇头、点头、抬手和变魔术等动作的表演。拆卸清洗这些连杆时相当复杂，特别是魔术人体内空间狭小，必须用镊子将连杆逐根取下，经过清洗去锈后，再逐一放入其体内。

　　装入完毕后要检查每一根连杆是否能带动每个部位的表演，如不能带动，则必须拆下重新安装与检查，直到均能带动为止。

　　修复的第三部分是核心部分，变魔术的动力机芯。此机芯由两套动力源组成，一套负责开关门的运动，一套负责整体变魔术的运动。通过清洗去锈后，首先要调节开关门的位置，使它在门打开完全时，开始启动变魔术，变完魔术后，门再自动关闭。

　　在调整开关门的同时，组装完毕的变魔术动力机芯也需要同时配合调试，直到按顺序完成动作为止。

　　接下来开始对变魔术的动作顺序进一步进行细致调节，达到开门时中间小鸟出，两边碗抬起并且下面无东西，然后中间小鸟消失，两边依次出现红球、白球、小球堆，最后则是中间无东西，两边一边为空，一边为小鸟。

　　第四部分要修复顶部的音乐机芯部分，此部分主要控制变魔术过程中的音乐。

　　第五部分修复的是控制转球与小鸟运动和鸟叫的动力源部分。其中顶部小鸟在表演时会左右摇摆，扇动翅膀并张嘴鸣叫，如此复杂的动作都是靠其体内的连杆结构带动完成的。

由于小鸟体内空间狭小，清洗拆卸相当困难，组装调试时也是极其复杂，必须用镊子小心调节每个部位的角度。转球部分的修复必须达到球与外侧两转环无摩擦相互反方向旋转，不能有一点儿的阻碍，否则连上小鸟与动力源后，随着阻力的增加，影响其正常运转。

在动力机芯部分的修复过程中，最难的要数鸟叫气袋的修复。原先的气袋由于时间久远，皮子已经破损漏气，无法修补，必须重新选皮进行修补。和比较容易修补的方形气袋不同，此气袋为圆形，折叠时不能有褶皱，胶粘时不能有漏气或者胶水过多，这些都会影响其最后的发音，必须通过反复修补调试。

第六部分是顶部的走时机芯部分，此部分修复相对简单，通过拆卸、清洗、组装与调试，使其达到走时的精确性。

通过此次的修复，我们也总结了以下几个修复难点。第一是油品。清末前后采用的是欧洲进口油（上海分装），上世纪50年代后使用的是上海中华牌钟油。由于钟表各部分齿轮转速不一样，滑动配合不同，摩擦系数也不一样，所以采用的油品应该是不同的。我们带着问题去亨得利钟表公司进行交流和调研，并从亨德利购入六种油品，已在修复中使用。

第二是配轴径、摆尖机加工的实验。在文物钟表修复中，摆尖和齿轮轴径折断是常见问题。过去由于被加工件形状不同，夹头固定加工件有些困难，加上设备的精度，加工件是否垂直等多方面原因，在小轴上打的孔经常不在中心点上，这样增加了修复的难度，成功率并不高。多年来大部分技术人员沿用传统技艺，尤其是对轴径小的，多数都采用手工打孔，然后做径（尖）载上，最后焊接固定的方法。这种方法加工难度大，施工时间长，一般轴径垂直度稍差，但很实用，能够达到修复的要求，所以此种方法一直延续至今。

第三是改进止弦机构的实验。在常年的修复工作中，多次发现过去曾经修复过的止弦机构又出现了断裂现象，这是因为止弦机构阀采用铜丝结构的端面都比较细，再在上面打孔载上一个弧形圈，一旦受力弧形圈根部就易折断。经过多次实验，我们把原来用的铜丝材料改为0.5毫米的铜板，经过切割、折叠、搓削、焊接、制形、调试倾斜角即成，多次应用效果非常好，近两年已将此法应用到修复中。

第四是ASBK-4双组分硅树脂硬膜涂料实验。在铜镀金表面涂一层保护膜，是在二十年前曾作过的尝试，由于该产品是由甲苯、二甲苯、丙酮等溶液混合而成，对文物的好坏论证不够，再加上试剂毒性大，对环境造成污染，对人体也有不小的损伤，因此停止了使用。2010年由上海爱世博有机硅材料有限公司无偿提供ASBK-4双组分硅树脂硬膜涂料产品给我们使用。该产品是以醇类为溶剂的新型双组分硅树脂涂料，具有低温快速固化，透光率高，附着力强，耐磨性好等特点，适合做硬膜涂料。我们把此涂料刷在铜镀金的散件上，经过考验，还没有发现任何问题。但是是否可行现很难定论，需要经过化学分析和多项考证。

刘昆2016年12月采写　　王津提供图片

王有亮：守护青铜时代

　　红墙里，日子过得很慢，手头的活儿要一下一下干，心里的事儿要一件一件了。王有亮在故宫，每天上班下班，穿过红墙，他经手的是一件件饱经岁月的青铜器。

　　红墙外，日子过得唰啦唰啦的，社会飞速发展，巨大的竞争压力，几乎是每一位当下人必须承担的。王有亮却依旧是上班下班，修好一件文物，又接来一个新的"患者"。除了修复技艺日益娴熟，心态也越来越稳。他说，故宫的墙厚，外边的风吹不进来。

距今四千多年前，黄河中游地区出现了青铜器，整个世界被动摇了。中国人用这种金属打造出农具、礼器和武器。随之而来的，不仅有农业产量的迅速增加，也有战争欲望的急剧扩大。恢宏的青铜时代序幕缓缓拉开，直到二千多年前它们才逐渐由铁器所取代。

时至今日，即便青铜早已远离我们的日常生活，但仍有一群人默默守护着朴拙的青铜文明，他们就是青铜修复师。王有亮是当今青铜修复行当里的一位老资历，他在故宫博物院里修青铜已有三十多载。

他工作的小院儿在传说中的"冷宫"里，隶属于故宫博物院文保科技部。

一道斑驳的红墙，一边游人鼎沸，一边可以听蝉鸣。他所在的小院儿，门没关，两只黑黄斑点的肥猫趴在房檐下的阴凉处，瞅到有生人进来了，懒洋洋地叫了两声，又低下头，各自发呆去了。

正房是王有亮的工作室，四十多平方米的屋子里没有隔断，正中摆一张巨大工作台，上面搁着七八件故宫和其他地方博物馆送修的青铜器，有新有旧。

赶巧屋里人都出去忙了，就王有亮捧着一个茶缸子，正跟桌上一件悬着青铜铃铛的器物大眼儿瞪小眼儿，仿佛参悟着什么。

闹心修不了青铜器

"年轻的时候可不这样，闹啊。这都是师父慢慢给扳过来的。他老人家说了心急吃不了热豆腐，闹心修不了青铜器。"王有亮是北京南城人，话不多，梗却不少。

二十世纪八十年代初期，北京第一次招职高生，国家文物局跟鼓楼中学和第二〇五中学合作，联合开了一个文物班。

王有亮回家商量要不要报名，长他几岁的姐姐心直口快地问："学这个是干嘛的？"

王有亮有自己的小算盘——学这个，能到处跑，满世界疯啊！

家里人挺开明，让他自己做主。

面对报不报的问题，他跟一位发小儿决定用世界上最科学的一种方法来决定——扔硬币，是画儿的一面就去。

一扔一落。

哥儿俩乐呵呵地去报了名。"后来发小儿还是没去成，他家里不同意，觉得'偷坟掘墓'损阴德。"

开始上课了，一个班，七十多名学生，来讲课的都是大家——中国古建筑学家、原中国文物学会会长罗哲文，被海内外誉为"青铜鉴定第一人"的杜迺松等等轮番上阵。

"大热的天儿，教室里别说空调了，电风扇都没有，老先生们还紧扣着衬衫最上面的扣子，慢悠悠地讲。虽然没有任何现代化的

师父赵振茂先生（中）给王有亮（右）讲述青铜器细节

设备，但一位位都是口吐莲花。"王有亮说，"碰上学生特别淘，他们就是讲道理，不嚷不急。"

三年后，王有亮毕业，直接被分配到故宫博物院，师从青铜器修复大师赵振茂。

一切都是顺理成章，没有过多花费过心思。"说实在的，青铜修复这个专业，我考得分最低。真的，没想到后来我能干这个。在课堂上，学的主要是理论，没接触过文物。"

"年轻小伙子哪儿坐得住啊。"坐在办公桌后边，王有亮声儿不高，自个儿呵呵地笑，"当时就觉得憋得难受，宫里宫气儿太足。我更喜欢玩，滑冰、游泳、弹吉他，没有不喜欢的。中午就午休一个小时，宁肯不吃饭，也得出去玩儿。那会儿一起进故宫的师兄弟有好几位，有人陪着疯。"

故宫博物院裱画室的杨泽华有一段回忆：蛤蟆镜、喇叭裤，都干过，反正我们头发都挺长的，最长的时候头发都过肩了。老师傅倒是没说什么，领导有时候会说。领导那会儿把我们当孩子。"王有亮好像因为出去玩被师父说过，我们也被说过，有时候玩疯了就回来晚了。"

王有亮语速和缓的描述，画面感更是扑面：从后海游了泳，骑车到地安门外，树荫斑斑点点地投在地上，十八九岁的小伙儿，晒得黝黑，脚下自行车链子都快磨红了，风呼呼地吹起他的发丝。有的时候趁着午休，哥儿几个凑在一起弹吉他唱歌。"不去后海茬琴，到不了那个级别，就是喜欢唱歌。"

"其实吧，老师傅肯定也愿意我们出去玩儿。要不偶尔留在屋里，一会儿就得弄出个动静，他们也午休不好。"

"我们来了也有好处啊，小院儿里的枣子、杏儿再也不浪费了，等不到熟透了，就让我们年轻人蹬着凳子给摘光了。人人有份儿，算是得了皇帝的济。"

不过干活儿的时候可不能这么由着性子来，那得磨，就从磨青铜器开始。

正赶上国外有一座博物馆要复制一批青铜器，大师兄就带着王有亮等一拨儿小师弟们做铸造、打磨，二师兄也帮衬着。师父就在最关键的一步——做旧的时候才上手。

磨到什么份儿上算行？师父给了标准：表面跟剥了皮的熟鸡蛋一样。"古代器物制作的时候就是这个规矩。"

就这样，每天上班，王有亮就用钢锉、砂布和木炭打磨铜器，一磨就是一整天，第二天接茬儿来。"实话说，打磨的技术含量也不低。"王有亮说，青铜器铸造好了，表面都有一层氧化硬壳，只能用手工给磨掉了。"我们还给钢锉起了个名儿，叫'两头忙'，因为两头都能用。"

最开始的时候，劲儿使大了就是一道沟，连里面铜底了上都是道道儿。

锉上一个礼拜了，锉得到处都是印。怎么办？拿砂纸磨，一点点儿地蹭，一个礼拜也不出活儿是常事。"后来也有手枪钻了，不过师父反对用机器，他的概念里，磨是练我们的手劲儿。"

磨来磨去，三年整，浑身的躁气都化了，王有亮算是正式入了门。

一出声儿就挨训

王有亮每次接待媒体记者都郑重地掏出一张自制的师承图，也像是当年给他们上课的老先生一样，悠悠地讲："我师父，是故宫著名修复专家赵振茂先生。振是振奋的振，茂是茂盛的茂。赵先生的青铜器修复，那是国内外闻名的，首屈一指。"1952年，故宫博物院的老院长吴仲超从全国选拔青铜修复高手，亲自把赵振茂请来，绝对算得上故宫里搞文物修复的第一批元老。

赵先生十五岁学徒，"古铜张"的第三代传承人，算是北派修复一枝儿的。他老家河北深县（现深州），十五岁就出来到天桥的"万隆和"当学徒。他师父叫张文晋，一共收了十一个徒弟，都跟他家住。头八年，什么东西都没动过，干的都是看孩子、做饭等家务。

那会儿，前店后厂。小徒弟天天跟师父家里，瞅着瞅着也能悟出点精髓。张文晋是张泰恩的侄子，店的前身也是叔叔的，叫"万龙合"。再往前捯，就是师承图的起点了——"歪嘴于"，光绪年间这位只留下绰号的青铜器修复师从紫禁城出来，在前门内前府胡同开设了"万龙合"古铜局，以修复青铜、金银等器物为业。1911年，他去世。最小的徒弟张泰恩为其发丧，并继承了师父衣钵。

如今，这张跨越了百年的传承表上，王有亮的下面写着徒弟高飞。

小伙子二十多岁，爱说爱笑："不熟的人眼里，我师父是个不善言表的人，更多时候'活儿都在手上'。但他对我特别好，而且特有冷幽默。现在虽然很少有人讲究师徒关系了，但师父就是师父，算是亲人。"

这一切，似曾相识。在三十多年前，在故宫小院儿里上演过类似的一幕：

六十多岁的赵振茂给王有亮立规矩：上班不能说话，不能闲聊天，给你个复制品，整整一上午你坐那儿打磨，再想说话也得憋着。"一出声就挨训。"

不过教手艺的时候，赵师父不藏私，倾囊相授。

在这儿得先插一段赵振茂的故事。这位老先生算得上马踏飞燕的"救命恩人"。

那是1971年一天清晨，被下放到湖北农场的赵振茂正猫着腰在田里劳动。连部的一位干事顺着田埂跑过来，扯着嗓子喊开了："赵振茂，赶快，快去收拾行李！"

46

"上哪儿去啊？"赵振茂直起腰，没挪步。

"问这么多干吗！赶紧上来！"

得，好脾气的赵振茂拔出两条腿，直奔宿舍，当天下午就坐上了开往北京的列车。

下火车，单位已经下班了，先回家吧。打盆水洗脚，赵振茂发现自己小腿上居然还粘着田里的干泥巴呢。

家里人问怎么回来了，他无言以对。因为确实不知道啊。

第二天，到故宫博物院报到，赵振茂直接被领到院文物修复厂（现文保科技部前身）铜器小组上班。

他这才知道来龙去脉：当时有外国报道说，中国的古迹被破坏了，文物都被毁了。

周恩来总理听到后非常生气，指示要给新出土的文物办个展览，让它们跟国内外的观众见面。一批手艺高超的文物修复匠人被急召回宫备展。这才有了前面描述的一幕。

赵振茂接手了一件铜奔马，是1969年一座东汉晚期墓室出土的。

马高34.5厘米，身长45厘米，昂首嘶鸣，三足腾空。雕铸师别具匠心地把支撑马身全部重量的右后足放在一只飞鸟身上，巧妙地利用鸟的躯体扩大了着地面积，确保奔马的稳定，塑造出矢激电驰、蹄不沾土的姿态。

汉代，强大的骑兵是破匈奴、保家国安定必不可少的军事条件，所以汉人对马的喜爱超过了以往任何一个朝代。骏马甚至被提升到国力强盛、英雄业绩的象征。这匹马显然是墓主人最重要的陪葬品之一。

但历经岁月流逝，送修时铜奔马黯淡无光，仅颈部就有七个孔洞，马鬃缺失，马尾也断了。

赵振茂依据秦汉时期对战马质量要求颇高的历史记载，力求恢复其原貌：

焊鬃毛和马尾，用毛笔沾咬旧液涂抹在马鬃、马尾焊缝及补配的孔洞上，填缝，做地子，做锈……

"师父讲过，当时马有点站不稳，想了好多招，最后还是他灵机一动，在其他三个空马蹄里都添上泥——是用漆皮汁兑黄土等调合成的稠泥，填满后不仅更美观，而且马稳稳地立住了。"

几个月后，"无产阶级文化大革命期间出土文物展览"在故宫慈宁宫举行。铜奔马也一炮而红，郭沫若命名其为"马踏飞燕"。

随后，外交部安排马踏飞燕与一批文物一起，赴世界各地巡回展览，开始了一场"文物外交"。

在英国、法国、意大利、日本等国家展出期间，观众如潮。传闻，在美国展出时，尼克松夫人看到马踏飞燕时，惊讶地"啊"了一声，展室内的观众都听到了，纷纷围拢过来观看，叹赏不已。

从此，马踏飞燕名扬世界。郭沫若泼墨挥笔写下了"四海盛赞铜奔马，人人争说金缕衣"的豪迈诗句，形容当时盛况。

抢救国宝的过程，王有亮基本没听师父说过，"他就告诉我这个活儿是我干的，哪儿来的，怎么修的。"他对每一件过手的物件都很慎重，哪怕是复制品。"王有亮说，"我觉得师父教给我的，不单是技术，更是他的敬业和做人的品格。"

如今，王有亮同一届的师兄弟有离开故宫的，也有转了组的。他就一直干这行。"师父一直坚持上班。一直到他七十二岁，腿脚不利索了，才不来了。"王有亮说，"他就是个榜样，不言不语的，但是用行动影响了我们这群徒弟辈儿的。有些事儿不用嚷嚷得全世界都知道，一辈子踏踏实实的，挺好。"

在《我在故宫修文物》的纪录片里有一幕是这样的：

寿康宫里，穿着"丁丁历险记"T恤的高飞，手脚麻利地爬上梯子，用小刷子清理一个木柜的铜锁扣。王有亮站在下面，认真端详，随时指导两句。

他们师徒俩修复的，是世界上最大的一件海南黄花梨柜子。王有亮比他的师父更随和些，跟徒弟开玩笑："还是老祖宗能人多。当年要是不好好弄，皇上是要砍头的，现在院长可不会砍我们的头。"

灯下不做色

有人形容故宫里的日子过得慢，就像诗里说的，从前的日色变得慢。车，马，邮件都慢，一生只够爱一个人……

可王有亮说："时间过得特快，不知不觉就老了。"尤其是在故宫里面，外面的世界不停地变，这里的节奏一直这样，不紧不慢的，变化也多是长年累月地积攒出来的，让人难以察觉。

有些东西，会被永远铭刻。比如师父的训诫。三十多年，王有亮记不清修复过多少件文物了，不过他一直能原封不动地背师父的话："严密的焊缝不能超过三毫米。到现在,我也是这样要求我的徒弟。"

翻开他的掌心,手纹淡得看不出来。这是常年打磨青铜器的后果。

在故宫的文保科技部,流传着这样一句话:不同组的手粘的东西不一样,青铜器组手上是锈,木器组是鳔,漆器组是漆。

王有亮说:"最难受的是过滤铜锈的时候。漫天的铜末子飞到身上。夏天一出汗,别说手了,鼻子、脸,浑身都是绿的。""铜锈的味儿闻多了,鼻子、嗓子、眼睛都疼得难受。"由于常年要接触各种化学品,干青铜修复的人大多都有鼻炎。每当换季一变天儿,一屋子人轮流打喷嚏。王有亮摆摆手,不当回事儿。"都是这么过来的。"

跟大多数中国传统手工艺一样,除了吃得了苦,优秀的匠人还必须得有天分。在青铜修复这个行当里,做旧调色这个步骤就完全凭感觉,要靠自己参悟。

"你看着这个是绿色,其实里面还揽着红、黄之类的好多颜色。有时候一个礼拜也调不出,就得一点点儿地试。"王有亮说,干他们这行儿有规矩,灯下不做色。

"阴天也不行,就得是自然光。也没听说过用秤约约颜料克数的,都是凭手感。"

师父在的时候,经常说"再砸巴砸巴"。话里的意思是,这活儿差点意思,拿回去重新琢磨。

可是颜色这事儿,只能靠量变积累成质变。"师父手把手是交不出来的，给你本书也没用，就得靠练，一年不行就两年，手头活儿不断，突然有一天就开窍了。"

多少年来，青铜匠人就是在自然光下，学着悟着，鉴貌鉴色。

师父眼毒。相传有一年故宫文物大清点，请了十二位老专家来鉴定。当时不知道什么人把年轻的赵振茂也喊去了。当时有一件青铜器，专家都说是真的。赵振茂脖子一梗："假的。"

一个小伙子跟老专家叫板，那不是等着被灭么。老专家说："小同志，说话要注意，别那什么。"

结果赵振茂急了，拿了个开水壶，"哗啦"全浇在青铜器上了。结果，漆皮子一崩，现了原形——新活儿。

至今，没人说得清这段"往事"的真假。但赵振茂对工作较真儿的脾气确实被广为认可。

也正是因为这点，师父对王有亮也苛刻，绝对不能凑合。"他说，你这个色不对，都浮的，露着底儿呐！那你就得拿回去重新琢磨，有时候甚至得把已经补好做好的锈色全部用药水洗掉了重新做。"王有亮说，"外行看着，青铜就是绿色的，但笔一涂上去，马上就能看出不一样。"

直到现在，偶尔碰到独特的颜色，王有亮也得琢磨，是加点蓝啊，还是加点红啊，加多少合适呢。

王有亮直言："工艺这方面，只能说大概学会了，但师父有些绝活儿，至今我们也没有完全学会。"打个比方，用化学方法做旧，行内话叫做闷锈。"我们干这事儿，锈一闷就是一片，师父就能留底子。"

技艺，就是这么靠着匠人们一次次地试出来，一辈辈地传下

王有亮工作照

去。

如今，王有亮的心不急了，但依然跟年轻时候一样"坐不住"，因为坐久了腰疼。

修青铜器，累腰。焊接的时候得抱着干，东西不能撒手，老得拿着劲儿。大件抱起来，还得有人扶着。

有人问，这腰的毛病就是跟干活劳累过度有关系吧？王有亮说，原因复杂着呢。

偶尔，王有亮也会坐得忘了腰疼，就跟记者进门采访时看到的那个场景一样。

三十多年了，每次做完一件活儿以后，王有亮从来都坐得住。

年轻的时候，经常是因为被要求返工，坐那儿琢磨哪儿错了，心里委屈。如今，活儿做好了，王有亮老是觉得哪儿还不完美。

经常，他就坐着，对着自己修复的器物看，皱着眉头琢磨。别的同事进门看到了，仔细围着端详半天，说补得挺好啊，都没看出修过哪儿啊。王有亮这才心里舒坦了。他遵守着无名的老规矩——每一件修好的文物上都不会留下他的名字，观众也不会知道谁用汗水守护着国宝。他们从不炫技，只是用一次次焊接、一次次上色来实现着自己的追求。

给国宝延年100年

修复一件青铜器，步骤繁杂，哪一项最难呢？

王有亮说："道道都难。"

别说修了，一般人不揣着本《新华字典》都很难顺畅地读出他修复的文物名称。

不信？您试试这个：

罍瓿甗不簠卣认觯识。估计相当一部分人都会会心一笑，确实，就认识"不认识"三个字。

他扶着腰站起来，在屋里慢慢踱着步，介绍青铜器修复过程：

第一步是清洗。

被送来的青铜器大多已经残破了，碎片上的黏附物有沙子、泥等等，要用超声波设备一点点地清洗干净。

第二步是拼接。

对于特征不明显的残片，得耐心地给它们"找邻居"，看碴口、弧度、薄厚、锈色，对上一个就做上记号。如果是两件或几件器物的碎片混在一起送来的，那拼起来就难上加难了。

今年年初，青铜器修复室接了一批河南送来的青铜器。有两件，碎成了一百多片。王有亮打开电脑，调出类似器形的照片，一点点儿地拼。他说，还有比这更碎的。"碎渣子也不会随便丢了，都是收集起来，以备不时之需。"

还有一次，故宫博物院征集到一件青铜提梁卣。直径30厘米的青铜器，碎片都跟蚕豆似的。拼，没有绝招，无非是根据薄厚、器形特点、碎片上的花纹、颜色等等一点点地试着来。"先拼个四五块，再凑一组，大约小一年时间，没干别的，就拼这个了。"

第三步是整形。

王有亮经常需要不厌其烦地尝试，将碎片拼凑成重器

残片有变形，没办法严丝合缝地拼接上。"两三千年的物件，质地都变了，分量明显变轻。有些几乎没有铜性了，都矿化了，稍微一弄，就毁。整形就怕矿化，要先给它本体加固。"

第四步是焊接。

如果找到一块就焊一块，那肯定偏出去了，永远对不出一个完整的圆。得先找到大约四分之一的残片，点焊，把它们暂时固定归为一组。四五组都凑齐了，再点焊组装在一起，进行微调。磨的就是功夫。一点点地，不能图快，整体形状就差不多回归本体了。

第五步是补配。

每件修复的青铜器，或多或少都有缺失，如果是带花纹的，就用铜板錾刻。如果是高浮雕的，就得配铸了，用对应面翻模子，铸造。

最后一步是做旧。

就是调色，把修补的痕迹藏起来。

每一次，一堆青铜残片，就这么复原成一尊雄浑壮观的古代大器，再现数千年前的神采。修复师需要付出的汗水丝毫不比铸造一件少。累得腰酸背痛，却几乎没有人知道他们的功劳。

值不值？

王有亮工作照

"值！"但是说起怎么值，王有亮憋了半天，"心里特兴奋，特舒服、特有成就感。"

工作三十余载，他成了青铜器修复业内有名的专家，修复过不少国之重器。不过他跟师父一样，几乎从不主动提，非得你追着问，他才偶尔说两句。

"大家问得最多的，就是春秋时期的莲鹤方壶。"王有亮说。这件国家一级文物，器型硕大，高1.22米，莲花上站立一只仙鹤，栩栩如生。但送来的时候，方壶的器腹裂开不规则形状的大口子，耳朵也掉了一个。

焊接耳朵、补配腹部参差不齐的口子，再往上做旧，王有亮花了半个多月的时间，救活了这件稀世珍宝。"两千多年以前，先师们就在铸造、雕塑、工艺造型等方面达到如此高超的水平。我可是怀着崇敬的心情修复的。"

一位文物专家鉴定后说，如果不出意外，这件青铜器至少延年了一百年，不用再修了。

如果再追着问修了什么宝贝，王有亮摆摆手，笑眯眯地不再言语。"我修过的文物，我都喜欢。你必须得喜欢啊，要是不喜欢，你就对它没感情，干出来的活儿肯定不漂亮。"

一尊重器，洞鉴废兴，确实很难用言语来表述它的全部价值。

资料显示，中国青铜器的全盛时期，是从殷商中后期开始。周朝建立后发布了我国最早的禁酒令《酒诰》，规定只有祭祀时才能饮酒，对于那些无故聚众饮酒的人，抓起来杀掉。青铜酒器数量锐减，器形也变得端方起来。

春秋战国时期，人们追求精美，青铜器上出现了以前没有的富丽繁密装饰。

不久之后，铁器出现了，青铜时代落幕。

但数千年来，一辈又一辈的青铜匠人依旧用自己的手艺守护着这段民族记忆，默默传承。

王有亮说："我们这行永远遵从着修旧如旧的古法，对一个人手艺的最高赞誉就是恢复原貌。"

跟西方文博界流行的"看得出"的修补相比，青铜行当讲究"看不出"。"一件青铜器碎成几百片，焊接的缝都留着，跟蜘蛛网似的，想着也不对啊。"王有亮说，"少了得补，然后颜色跟两边儿随上，得让人看不出断茬儿，一直就是这么做的。"

采访最后一个问题是，一辈子学这个值么？王有亮没打磕巴，快人快语："从小学了手艺，还是挺庆幸的，还遇到了一位好师父。嗯，来对了！"

从青铜修复室出来，两只猫还趴在原地。看到经常喂它们的人了，呼噜呼噜地低声讨好着。

附　录

【文物故事】

莲鹤方壶

高122厘米，宽54厘米，重64公斤。

方壶形体巨大。双层镂雕莲瓣盖上立有一只展翅欲飞、引颈高

莲鹤方壶

吭的仙鹤。镂空的双龙耳较大，上出器口，下及器腹。壶体四面以
蟠龙纹为主体纹饰，并在腹部四角各铸一飞龙。圈足下以两只伏虎
承器。

　　春秋时期，青铜器的铸造工艺有了飞速发展，如"失蜡法"
的发明等。但这一阶段青铜器铸造工艺的成就并不仅仅体现在创新
上，对于一些优秀的传统工艺，也予以继承并发扬光大，如"分铸
法"。本器的仙鹤、双龙耳与器身主体即采用分铸法，既显示了高

超的铸造技术，也反映了当时青铜器上动物造型肖像化的潮流。

这件文物是1923年在河南新郑李家楼春秋郑国国君大墓出土的。当时，一口气儿出土了完整的青铜器近百件，另外还有玉器、陶器等数百件文物，史称"新郑彝器"。

抗日战争和解放战争时期，为保护国宝免遭劫掠、破坏，"新郑彝器"又几经辗转，费尽周折得以保存。

1949年冬，国民党政府指示"速将河南存渝古物运存台湾，行政院分令教育部、河南省政府遵照办理"。仓促之中，莲鹤方壶等河南古物被打箱运抵重庆机场，马上就要登机飞往台湾。中国人民解放军及时赶到，救下了莲鹤方壶。今"中国人民解放军重庆军事管制委员会"的打箱封条，还完好地保存在河南博物院里。但是还有部分"新郑彝器"被运到了台湾。

1950年8月，河南省代表会同文化部代表共赴重庆接收河南存渝古物。文化部代表挑取一尊底部稍有残缺、高近122厘米的莲鹤方壶调到北京故宫博物院。自此，两尊莲鹤方壶分置两处。

2002年，国家文物局发布了《首批禁止出国（境）展览文物目录》，国宝莲鹤方壶名列其中，成为首批禁止出国（境）展览文物之一。

刘冕2016年8月采写　王有亮提供图片

李永革：一辈子的故宫木匠

2015年12月，李永革光荣退休了。

有人说他是故宫最后一位木匠。因为体制原因，延续了半个多世纪的故宫古建筑修缮队伍已经在2010年解散了。

李永革戗茬儿捋了捋花白头发，砸吧了一下嘴，回应说："故宫的木匠活儿往后还得有人干！"

说这话的时候，他坐在自己的办公室里——故宫隆宗门对过儿的小院。院儿门口挂了块牌子，白底黑字，写着"修缮技艺部"，李永革就是这项技艺的传承人。如果往前倒腾两百年，这儿是大名鼎鼎的内务府造办处所在，能工巧匠集聚往来。如今，唯有木作依然在这里延续着功能。这里还是非开放区，院子里安静得能听到钟表滴答流逝的声音。

太和绥獣

李永革传承技艺的全称为"官式古建筑营造技艺"，2008年被列入国家级非物质文化遗产名录。这项技艺的创始、传承基础就是紫禁城里约二十三万平方米、九千三百七十一间古建筑。

1975年，李永革从部队退役进故宫时，被分配到故宫工程队（修缮技艺部前身）上班。他怎么也没想到，自己会守着这座世界现存最大、最完整的木结构古建筑群，转了四十年，修了四十年。

"修过多少房？数不清。干过最大的一个工程肯定是太和殿。"李永革是老北京人，说话爽快不绕弯儿。这个工程也是官式古建筑营造技艺的代表作。

太和殿，俗称金銮殿，上承重檐庑殿顶，下坐三层汉白玉台阶，采用金龙和玺彩画，屋顶仙人走兽十一件，面阔十一间，均采用最高形制。这是中国现存最大的木结构大殿。

而官式古建筑营造技艺与民间木匠最大的区别也在于此：修的房子体积压根儿不是一个数量级的。建筑物内构件，大到柱子横梁，小到檩条椽子，皇宫所用是民宅的夸张精致版。而官式古建筑

年轻时工作照

营造技艺就是在皇家宫殿的建造、维修过程中，在中国古建营造技术的基础上，形成的一套完整的、具有严格形制的汉族宫殿建筑施工技艺。

太和殿大修，从2006年持续到2008年。高达三十五米的保护罩围住金銮殿，隔绝众人视线，穿越百年时光。罩里，没有工地常见的大吊车，听不到嗡嗡轰鸣的机器声，只有穿着蓝色卡其布工服的匠人在木板搭的脚手架间穿梭，搭木、挖瓦、上漆、彩绘，一切遵循着几百年前的传统。

李永革见天儿往罩里钻。他经常爬到屋顶上，希望看穿尘封已久的瓦片，解读斑驳脱落的彩绘，与古代的匠人们直接对话。

揭瓦，在这儿都是一种庄重的仪式。每拆卸一块琉璃瓦，工人就要按顺序在瓦内侧编号，用的是最传统的书写工具——毛笔和墨汁。李永革解释说："因为大部分琉璃瓦要施釉复烧，在1400度的高温下，油漆或油性笔的书写痕迹会挥发消失，而墨汁的主要成份——碳微粒的分子结构较为稳定，耐得住高温的考验。"

2007年4月23日，太和殿正吻（脊）拆除。这个听上去名字很浪漫的建筑构件，站在古建筑的制高点，俯瞰风云变迁。体量较大时，正吻由数块构件拼合而成，五块、七块、九块、十一块、十三块，数量不等。

太和殿的正吻是中国现存古建筑所使用的最大者，高3.4米，重4.3吨，由十三块构件拼合成一个整体。由于体积大、重量沉、雕刻复杂易损坏，加之年代久远，拆卸维护时这处正吻可费了大劲儿。古建修缮中心搭设了专门的稳固脚手架，铺设木板平台，安装吊起吻件的起重倒链，还制作了运输用的专门木箱。拆卸时，先小心剔除灰缝，三四位膀大腰圆的小伙子配合默契，取下吻件，用铜锔固定好，再用麻绳"五花大绑"吊起，放入平台上特制的木箱内，装上手推车经空中栈道运送到地面指定区域存放。每一块的拆除需要一个多小时。

木秀于林，风必摧之。正吻与全部瓦兽件被拆卸完毕后，分门别类按编号顺序码放整齐。有些表面发黑变色，有的沾满污渍，有的锈迹斑斑。甚至有一些装饰性构件破碎成多块。

李永革带着团队，蹲在地上，挨个端详，逐一诊疗。他们要对琉璃瓦件进行病害分析，寻找最小干预的方法，达到延年的既定理念。

李永革已经记不清试验了多少次，像是每一个成功背后，过程都晦涩得不堪回首。而匆匆的时光，偏还爱选在这个时候捉弄凡人。

琉璃瓦揭开了，太和殿屋顶上檐东西两山面亮出来，李永革带着工程队都蒙了一阵儿。在现场，他揉了揉眼，定了定神儿才相信，皇权至上的情况下，太和殿的屋顶苫背居然被"偷工减料"了。

苫背算是瓦作中的一个环节，相当于给木建筑涂防水层。老师傅有句口诀："三浆三压"，就是上三遍石灰浆，再压上三遍。但这也得看天儿，遇上晴天，干得快，三浆三压硬度就能符合要求，要是赶上阴天下雨，说不定六浆六压才算完事儿。

虽说建筑修好后，苫背就被瓦遮住，瞅不见了，可这是要劲儿的工序，甚至决定着古建筑的寿命。如果苫背做得不够瓷实，很容易出现尿檐（水从屋檐下漏出来）。古建筑是木结构，就怕水，稍有不慎沤了就等着糟，最后就剩下塌。

原本，专家一致认为太和殿是全国最高等级建筑，屋面苫背肯定也是最高规制的——铅背做法——将铅砸成薄片铺在屋面上，灰背、泥背，铅片上下还要用麻，里里外外七八道工序。故宫中很多重要建筑屋顶都是如此。

然而，真相是太和殿的苫背只用了最简单的工艺，里外就两道工序。首先在望板上铺桐油灰，相当于给木板做防水层；之后涂上2至4厘米的薄灰背，上了纯白灰后，就直接上瓦了。

改不改方案？

李永革想起师父赵崇茂退休前，塞给他的一张纸条。上面就十个字："勿要一得自矜，浅尝辄止。"修古建筑是一辈子的事儿，每次都有没见过的东西，故宫的规矩就是遵守和尊重。

最终，李永革保留了这种"返璞归真"的做法。他甚至仔细检测了桐油灰"秘方"，最大限度地复原了康熙年间的配置。

有很多次，李永革爬上脚手架，站在26.92米的高度俯瞰，尝试着将自己当成一位古代匠人，解释苦背的秘密。

"也有科学道理，这样做能降低屋顶重量，减少了柱子受力。而且《太和殿纪事》等康熙年间的书籍并没有记载大殿如何苦背，日常修缮时也不需要揭瓦，因此即使偷工也很难被发现。"

但一切真的只能靠揣度，没有只字片语可考。

修缮过程也并非都是这样"守旧"，也有要改的地方。

以太和殿的外檐彩画为例，当时存在的是上世纪70年代新绘，由于历史局限性，画法与古制相违背。李永革说："由梁思成先生提出的修旧如旧古建修缮理念，涵义接近《文物保护法》里规定的'不改变原状'的原则，意指不改变文物的原状，维修时坚持原形制、原结构、原材料、原工艺以及原历史环境。"

当然"修旧如旧"只是一种比喻，对于彩画这种固有寿命较短的事物，保持"古貌"的问题是一个具体的技术问题，还有待研究。"修复者要做的，就是重新查找资料，设计出符合规范的图样，再绘制到太和殿外檐上。"李永革说，有人质疑保护修缮工程会改变太和殿的古朴风貌，出现彩画太新、琉璃瓦太亮的问题，但我们绝对不能仅仅是因为怕它变新而不去恢复原状。

2007年9月5日，太和殿正吻（脊）合龙（修梁时从两端开始施工，最后在中间接合），一个铜鎏金质地宝匣，被小心翼翼安放回"龙门"（正脊中心的位置）。这个长30厘米、宽25厘米、高8厘米，表面刻着龙纹的匣子，是故宫博物院成立后首次安放的镇物。

据康熙年间《太和殿纪事》记载，此匣内有金钱、金银铜铁锡锞、金银铜铁锡牌、五色宝石、五经、五色缎、五色线、五香、五药、五谷。民国时，宝匣曾被取出过，新中国成立后被放回。上世纪50年代，故宫博物院取出并登记。除金锞外，其余物品存放在古建部资料室。

白驹过隙，匣内物多已碎成粉末，无法辨认。李永革跟同事们就将金锞、五经、五色缎等物的残余用纸包好注明，外套一只黄丝袋，塞入匣筒。这次多了一件东西——一份记述了此次修缮经过的《太和殿修缮工程纪事》也被放入匣内。

这是李永革主张编写的，记录得事无巨细。

"很长时间，故宫，甚至全国各地的古建筑都缺乏这样的维修记录。"李永革说，他曾经去日本奈良的药师寺参观，发现那座建于公元680年的寺庙存留下来一千多本维修笔记，这让他深受触动。太和殿始建于明朝永乐十八年（1420年），之后数次因火灾重建。现在的太和殿是康熙三十四年（1695年）重建后的形制。新中国成立以后，太和殿还经过大大小小六次修缮。但在2008年之前唯一可查的详细记录，仍然是康熙年间的《太和殿纪事》。但它并未细致记载每道工序，这也是苫背"秘密"藏了三百年的原因之一。

尽管如此，很多传统却是无论多努力都留不住的。

成书于春秋战国时期的《考工记》中提到："国有六职，百工与居一焉。"东汉儒学家郑玄的注解是：百工，司空事官之属……司空掌营城郭、建都邑、立社稷宗庙、造宫室车服器械。然而数千年弹指而逝，随着封建王朝覆灭，古建的营造传统制度几乎戛然而止。

唯有故宫成了特例，不能间断的修缮为传统工艺和匠人的传承提供了一个温室般的环境。即便这样，古建"八大作"里，如今保留下来的核心也只剩下木作、瓦作和油漆彩画这组"铁三角"。其他的，比如架木搭设的搭彩作，因为竹篦、连绳、标棍都换成了铁杆和铁构件，已日益萎缩了；夯砸地基的土作已经被机械化代替。

李永革把每一次宫里的修缮，当成一种向着古典致敬的仪式。

"修故宫不能抢工期，我们只能按自然规律办事。"李永革说，比如北京的11月上旬，气温一般会降到0℃以下，所以10月中旬砌墙抹灰之后，得留半个月干燥的时间。如果之后再强行干泥水活，开春水泥就酥了。"要再干泥水活，就得等3月以后。"

修建时使用的材质更是精挑细选。太和殿里铺的金砖是中国传统窑砖烧制业中的精品，古时皇家特供，只有宫殿等重要建筑才会使用，因其质地坚细，敲之若金属般铿然有声，故名金砖。李永革选的砖，一块砖六个面，有五个面需要精细加工，叫"五扒皮"。铺的时候更讲究，每个瓦工和两个壮工每天只能墁五块。"干故宫的活，一点都急躁不得"。

其实，不仅是太和殿，李永革经手的每个工程都这样。

故宫博物院建院九十年唯一的复建项目——建福宫花园修复时，为保持它原有的结构模样，李永革四处奔波寻找原材料，曾到江苏寻找太湖石和金砖。"那里的太湖石长期经受波浪的冲击并被含有二氧化碳的水溶蚀，石上有许多窝孔、穿孔、道孔，形状奇特、通灵剔透，最能体现'皱、漏、瘦、透'之美。"

为了运回符合要求的太湖石，他跑了两千七百多公里，四十二小时没合眼。之后，他又跑到山西、湖南寻找花斑石，最好的花斑石是海底的多种颜色鹅卵石经过沉积、覆盖、压制等过程形成的，温润如玉，图案能丰富多变。后来还去过山东挑选琉璃瓦，到内蒙古找寻过油漆彩画的颜料。

每一次长途跋涉后的收获与喜悦，都成为解除他旅途艰辛的良药。"这就是古建筑的魅力，越明白它的价值，就越放不下，做这个工作，钻进去就出不来了。"

太和殿重亮相，殿内重新挂上了复制的匾额，写着"建极绥猷"。绥猷，顺从法则的意思。这也是故宫木匠的标准。李永革聊天时最爱说的就是："要懂规矩，无论谁来修故宫，都得按故宫的规矩办。"

学其成时念吾师

做木匠，谁也不是上来就能修太和殿的。李永革也经历了漫长的"打杂期"。

进故宫报到第一天，李永革有点醒不过闷儿来。对于住在鼓楼胡同里的他而言，这座红墙围起的城太大了，"走不完的路。一座挨着一座的大殿，每间房都高大豁亮。"

从西华门进来，他一路被领到赵崇茂师傅面前。师傅手一指："刨木头，我瞅瞅。"

李永革直接上手。他心里有底儿，因为父亲就是木匠，在家教过他。而跟他一批入宫的人，大多是门外汉。老师傅立刻拍板儿："下午就来上班吧。"

也就是从那天下午开始，十九岁多的李永革成了中华人民共和国成立以来，故宫的第三代工匠。当时挑大梁干活儿的赵崇茂是故宫第二代工匠。

彼时，社会上讲究的是"革命同志式的关怀"，不兴磕头拜师那套"封建迷信"了，李永革就悄没声息地跟着赵师傅干活儿，没磕头、没鞠躬。

直到2005年12月27日，故宫博物院重新恢复古建行业收徒拜师礼。从事瓦、木、彩画三个行当的三位故宫古建修缮专家正式收了四名徒弟，这也是故宫古建修缮中心成立半个世纪以来举行的首次拜师礼。其实，这个礼象征意义大于实际意义——收徒弟的都是第二代故宫工匠，已然耄耋。当徒弟的是第三批工匠，年过不惑。

李永革是推动这件事儿的人，前后忙活了两年，就想着给自己叫了一辈子的师父正式鞠个躬。但拜师礼时，带他的赵师父已经去世半年了。

站在人群中，他看到徒弟规规矩矩地给师父行礼，闭上眼，只剩汹涌而来的回忆：

师傅从什么时候变成师父，其实李永革也说不上来。听着没啥区别，里面的情谊变浓了。

刚进宫时，从来不缺儿活儿，但李永革也说不清楚修的是哪座殿。反正，今天修个隔扇，明天补个桌子腿儿，师傅带着干什么就学什么。

过程也没少受罪。宫殿屋顶上的灰尘落了厚厚一层，没人知道多少年没清理过了，干活的时候难免把这种很细的尘土粘到脸上、身上，那就是连着好几天都洗不干净，被"咬"得火辣辣的。清朝的时候，宫殿屋顶上会装的防鸟网，都是铜质地。年头长了就生锈。"那时劳保条件不好，防毒防尘就靠口罩，但戴着口罩干活，呼吸都困难，我们年轻经常不戴，干活儿的时候，稍不留神就把铜锈吸入嗓子，竟是甜味的。"

肯下力气的李永革，时间一长，自己找窍门，"同样的事情，这个师傅讲得很清楚了，另一个师傅走过来又问，明白吗？我还说不明白，于是又能听一遍。两个师傅从不同角度来讲，也加深了印象。"

那会儿，老师傅们也会讲自己学徒时的不易，有的要给师娘跑腿儿买东西，有的还要给师傅倒尿盆。虽说都是辛酸泪，但他们却津津乐道。一位老师傅说："人过三十不学艺，因为三年零一节才能算出徒，岁数大了哪受得了啊。"这里讲的不是跟着师傅学三年多，而是先跟师傅家打零工三年多，师傅才开始教你干活儿。过了而立之年的人，鲜少还能受得了如此特殊的"磨砺"。

1979年冬天，不适合室外工作了，师傅们就在屋子里讲授业务，李永革和二十多名同伴坐在下面听。

有一天，戴季秋师傅问李永革："周末都干吗去啊？"李永革说："找战友玩。""那别玩儿了，上我那儿听课去吧。"

后来，李永革才明白，戴师傅觉得台上讲得不对路子，瞅中了他和一位师兄，要给他俩开小灶。

第一讲就是学画线。木工成败有"三分画线七分做"的说法。画错一道线就是废掉一根大梁。画线之后不要马上锯，留下半天儿，过过脑子，复核尺寸。"这是我第一次坐下来，系统地学习故宫木匠的规矩。"

当时每周只休息一天，戴师傅每次提前打好水，悄悄给他俩开门，进了屋就开始讲。戴师傅要求他们课上做一份笔记，临下课检查有没有错。回家之后，李永革再用碳素墨水的钢笔抄一份儿。"因为戴师傅住集体宿舍，也怕别人传闲话，除了上厕所，他不愿意让我们出门，每次去连自行车都是搬进院子里。"

那会儿，经济条件有限，讲究"忙时吃干闲时吃稀"。赶上休息日，故宫食堂三顿变两顿，上午十点和下午四点各卖一次饭。"上课时间也由此而定，戴师傅起来吃了早饭，十点半开始讲课，一直到十二点半。我们走了，师父睡一觉，起来正好吃下午饭。"

如今，李永革一直保存着这些笔记。"前前后后学了二十多次，延续了一年多。当时很多东西没听懂，骑车一到家就忘干净了，但也不好意思再问。后来在实际工作中碰到了，突然就恍然大悟了。那些课，我受益了一辈子。"

1981年，故宫维修东南角楼，李永革主动报名。

参加过角楼修缮，那是木工最大的谈资。传说当年营建角楼时，由于设计难度大，工匠们都伤透了脑筋。后来是木工的祖师爷鲁班下凡，手里提着一个蝈蝈笼子，这个笼子不一般，正是设计者所盼望的那种设计精巧的角楼模型。一般人形容角楼是九梁十八柱七十二条脊，其实比这要繁复：

紫禁城四角的四个角楼是明代遗存。每一个角楼的平面布局是两个"十"字相交叠的曲尺形，周围环绕着白玉石栏杆基座。立面体型为三重檐多角交错，上层檐由四角攒尖顶和歇山顶组成，四面亮山，正脊纵横十字交叉，中安铜鎏金宝顶。角楼设计比例和谐，处理巧妙，大木结构复杂精密，别出心裁，充分显示了中国人的智慧和才能。

角楼三层屋檐共计有二十八个翼角，十六个窝角，二十八个窝角沟，十面山花，七十二条脊之外还有背后掩断的十条脊。屋顶上的吻兽共有二百三十只，比太和殿的吻兽多出一倍以上。

数百年来，角楼大修次数不足二十次，能参与其中凭手艺也要凭运气。李永革算是生逢其时。

也是这次修缮，李永革接触了斗拱的做法。斗拱是中国木建筑结构特有的形制，是较大的建筑物柱子和屋顶之间的过渡部分，它可以将支出来的屋檐的重量先转移到额枋上再到柱子上。

斗拱是木构件里的规矩王，尺寸多、讲究多。一般人刚接触时，会被"蚂蚱头""霸王拳"和"麻叶头"之类的说法弄得晕头转向。

角楼的斗拱更是堪称繁琐之最。上层是单翘重昂七踩，中下层是重昂五踩，室内为七踩品字科斗拱。角楼的上中下三层斗拱、柱头科、角科、平身科、品字科全部斗拱共计两百二十二攒。

"各行手艺人为了彰显自信心，也创造了很多行里的规矩，没学过徒，没师傅，没人跟你系统说。"李永革说，有师傅讲了，这些术语反而成了记忆窍门。

角楼落架大修时，拆下来的木构件数量庞大，往回装的时候，老师傅们也有行话："前后老檐柱，上下金脊枋，东西南北向，穿插抱头梁。"依着这二十个字，木匠就可以精准定位定构件朝向，确定如何组装。"这就是师傅教的，会得了才算是科班儿。"

如今，故宫东华门到午门的城墙已经对公众开放了，东南角楼成为紫禁城近六百年来第一个供游客参观的角楼。李永革也偶尔去转转，黄色琉璃瓦和鎏金宝顶在阳光下，闪烁生光，趁着蓝天白云，越发庄重。

储木待良工

2002年，故宫启动百年大修，李永革赶上了。

自1949年以来，故宫博物院经历过三次大修。第一次是1950年开始的，说是大修，但主要是围绕着应急抢修和环境治理开展工作。当年，故宫博物院还专门从民间请来了一批能工巧匠，他们没有学历，但在行业内都是响当当的一把手。随同这些顶尖儿师傅们共同入宫的还有打下手的徒弟们。

一修就是五年，师父带徒弟，辈儿辈儿传。但也有些工匠因为生计所迫，冬天没活儿的时候就回家了，谋了份其他工作，来年就不再回宫了。当时的副院长单士元为了留住人才，给一些人解决了待遇问题。相传，有些老匠人的工资能赶上院领导。

1973年，故宫再次经历了大修，持续了大约七年。

国家第一笔拨款就给了一千四百万元。当时一个普通工人的月薪在四十元左右。为了干活儿，故宫向社会招聘，增加了三百人的编制。李永革就是在这批招工中进了故宫。

这次修缮主要是对前三殿、后三宫和东西六宫进行修复，解决"文革"期间，因古建修复停滞带来的一些问题。"古建筑就是怕长草、漏雨，几年不修，房子能塌。"

趁着这次机会，李永革参与修缮古建筑的项目几何倍数增长：午门正楼、东西燕翅楼、太和门东西朝房、钟粹宫、景仁宫、斋宫、奉先殿、太和殿、畅音阁、阅是楼、遂初堂、庆寿堂、养心殿、慈宁花园、东南角楼等等。

2002年之前，人们看到的故宫基本就是那个时候修复后的状态。

进入新世纪，借着北京奥运会的东风，故宫拉开了"辛亥革命"以来，最大规模、最彻底的一次古建筑修缮工程。包括武英殿试点工程、太和殿挑顶大修工程、慈宁宫落架大修工程、建福宫复建工程等重大项目，李永革都是工程的负责人。他是时任故宫博物院古建修缮中心主任。这个职务搁在明清两代叫"营缮所所正"，是正七品的官儿。

　　不过他还是老样子，每天的必修课就是在宫里不同的工地转，上房爬高，能搭把手就搭把手。

　　可干着干着，他突然发现身边的队友们都已是悄然白发。四十七岁那年，李永革有一次爬脚手架，第一次觉得腿有点沉。他突然懂了当年的戴师傅——是时候把肚子里的东西传递下去了。

　　2007年，李永革又组织了第二次拜师，从参与故宫第三次大修的工程队伍中选了十个不错的苗子让第三代工匠带着来学习。

　　在故宫博物院官网上能搜到这样一条信息"我院古建修缮中心再收良徒"，配了张照片。四个人，三位黑发葱郁，龇着牙冲着镜头乐。皮肤黝黑的李永革灰白了头发，穿

李永革工作照

李永革工作照

着深蓝的毛衣，略抿着嘴，眉目舒展。

这场拜师仪式没有请外人参加，主持人就是当时古建修缮中心总工程师郭建桥。

新收的弟子王辉郑重地宣读拜师帖：自学习古建技艺以来，深感中国古建技艺博大精深，艺海无涯，亟需名师指点教诲。今特拜李永革先生为师，愿师从先生认真学习古建技艺，尊敬前辈师长，勤学努力，兢兢业业学艺，永远不做有损师门声誉之事，努力为师门增光。

李永革送给徒弟一本《中国古建筑名词图解辞典》，淘宝上售价一百元左右。他在书上郑重地写下"学无止境，努力进取"以此勉励。

这次，是李永革第三次收徒。他对三位弟子的希望跟当年师父告诉他的一样："老老实实做人，认认真真做事，不浮躁不自满，以老前辈们为榜样，真学实干，将古建筑修缮技艺很好地传承下去。"

不过，他们都称不上故宫第四代工匠。随着大修告一段落，人们相继离开了故宫。

李永革自我安慰："这一行就是这样，培养完走了，再继续，不厌其烦，否则怎么办，不干啦？"

对于这种人才的流失，一位已经退休的故宫人

李永革工作照

坦言："走的人，也没错。留下的，都是……"他没说完，竖起了大拇指。

他接着说："故宫！大名鼎鼎。能在宫里修大殿，嚯，人人都觉得是份令人羡慕的工作。但里面的尴尬只有自己人清楚。故宫博物院属于文化部下属的事业单位，没有专门针对传统工艺、工匠传承的机制。举个例子，故宫招聘，第一道门槛儿就是学历，本科生是最起码儿的。但大学生干这个么？就算来了，能干多久？可是故宫没有招技工的机会啊。"

如今，李永革寄予厚望的是2013年修缮技艺部面向社会招到十五名学员，他们被分成瓦木和油画两组。"因为瓦作和木作，或者油作和彩画作彼此间都有相通的东西。现在年轻人文化水平高，掌握速度快，单学一个他们觉得枯燥。"他还有私心，招个人不容易，多学会点以后传承也更广泛。

这拨年轻人被第三代工匠精心呵护着。三年过去了，年终总结，各种行话、一些规矩都出来了。李永革欣慰："比我那会儿强，我上班三年总结还只会写不怕苦不怕累。"

可是，他们现在还是面临两个问题：缺少参与大型工程练手的机会，也没有纳入故宫正式人员编制。"三十多岁的人，都是拖家带口的，经济压力大。"到现在，十五名学员走了小一半儿。他们还会成为一辈子修故宫的人吗？李永革又多了一项工作，给他们做心理建设，鼓励他们留在故宫。

李永革心里还有一个计划。他要效仿第一代故宫工匠的入宫模式——1952年，故宫工程队成立。刚经历了战争的故宫，垃圾遍地、杂草丛生。当时故宫有个解说词，形容1912到1952年有多乱，"从故宫清理出的垃圾，如果修一条两米宽、一米高的路，可以从北京修到天津"。

故宫下了英雄帖，邀请了在古建八大作"瓦木土石扎、油漆彩画糊"中分别身怀绝技的十位工匠进入故宫，他们就是第一代工匠，后来被称作"故宫十老"。

"只要考试过了，达到什么标准就给什么待遇。"李永革说起梦想，显得挺激动，"对学历没要求，高中毕业就行。但是对年龄要有门槛儿。岁数最好三十岁以下，可以给故宫服务三十年。"他说，"现如今，我这一批都是六十岁，还能卖几年力气？我们需要的是尽快教会手艺人什么是故宫规矩。"

武英殿，《清明上河图》《五牛图》等一批国宝级文物曾在这里展示，这儿也是此轮故宫大修开始的地方。李永革说："看它的屋顶，第一个规矩就是滴水做中，我们叫中线行。必须按照规矩来做，要不按照这个来，就是不懂规矩，不懂营造的古法。搁古代，这人在古建行当里就没得混了。

李永革最近几年全国各地跑修缮工地，亲眼目睹过外来施工队伍里一些"昨天还在地里种白菜，今天就来修文物"的工人极不专业的操作。李永革最担心的就是这种情况会出现在故宫里。举个例子，故宫是明清两代建筑的活教科书。一个大殿里的木构件朽了，不能简单换新的，造成历史信息不明了。

"到时故宫就不是故宫了，我们要给子孙留下的是真东西，不是假文物。"李永革说得挺直白，"有一句老话儿叫活儿糙，规矩不能糙。这个活可能是少刮了两刨子，哪有点不太光，不太平，这些都可以练，能找补。但规矩是万万不能错的。木匠行当里传承了千百年的礼治秩序得守住了。"

故宫确实也在努力改变着。

2014年5月的一天，故宫博物院院长单霁翔爬上太和殿外围搭起的脚手架，这一年，单霁翔六十岁。他亲自爬上屋顶，发现原本的灰浆在干掉以后需要被清理，工人们把瓦缝间的灰浆，装了几十麻袋往下运。

单霁翔感到很奇怪，过去的建筑两三年都没有出问题，为什么现在刚修好的，又要复修？

并非工匠手艺不到位，原因主要有几个：

第一是现在修文物要招投标，中标的单位没有队伍，中标之后才开始找包工头，包工头以最便宜的价格找农民工。所以可能几个月前还是收麦子的农民，立马就上了太和殿了，没有传统的技艺。

第二就是材料政府采购，所有的料都要货比三家，比的是什么呢？比的是便宜，而不是优质。传统的建材都要经过多道工序，任何一道都不能遗漏，价格一定是贵一点的，所以材料质量得不到保障。

第三是执行力，每年10月，钱款拨下去后，次年8月就开始催，钱有没有花到百分之六十？10月问有没有花到百分之八十？到年底如果没有花掉就收回。逼着大家赶快花钱，这种状态下是无法科学地修复的。

第四个是由于老工匠没有干部身份，到了年龄要退休，不能返聘。院里八大作的传承人一个一个都走掉了。而他们培养的年轻人大都是周边地区的，没有北京户口进不来；北京本地的年轻人又不愿意学瓦匠、木匠。所以故宫三年一届培养的传承制的师傅进不了北京，又回原籍了。

这些体制机制上的问题，让故宫失去了一代一代的施工队伍，也造成了今天修缮的困惑。"如果用这种方法修，修一栋会坏一栋。我们没法负这个历史责任。"单霁翔说。

2015年，故宫的"百年大修"规划放缓了脚步，几乎叫停了所有工程。

当年11月，全国政协召开的双周协商座谈会，单霁翔在会上用八分钟时间几乎"哭诉"着指出了刚才的几个问题。会后，他写报告呈交给全国政协领导，得到其批示："故宫的事要特事特办。"自此，故宫的修复开始重新运作，不再视为工程，而是研究性的保护项目。

临结束采访，李永革还在念叨："我相信，失传不了。但是得动真格的了。迫在眉睫了，就差这么一哆嗦了。等个十年五载，再招一批，这火种就传下去了。"

刘冕2016年1月采写　李永革提供图片

屈峰：一个木器修复师的修行

"你是那个，那个，那个谁！"医院候诊大厅里，一位患者突然站起来，手指着一位平头圆脸的人，显得挺兴奋。

"哪个谁啊？"平头笑了，粗眉微挑，细眼眯成条缝儿。

"看见你上电视了！修文物那个！嘿，演得真不赖！"还想拉着再说，医生叫号了："下一个。"

"来啦。"平头憨厚地笑着应答，心里嘀咕着："什么演的，我们就是这么干活儿！"

他叫屈峰，故宫博物院文保科技部木器组组长，是个带着点侠义柔肠的文物修复师，因为一部《我在故宫修文物》突然火了。

心外无理

跟屈峰约采访，时间定在早上八点半。准点赶到故宫神武门，跟他一个部门的同事刘潇雨特意出来迎接："我们那儿在非开放区，怕你迷路。"

太阳刚升上来，建福宫外的黄顶红墙就贴着墙根儿抹了一小道影儿，偶尔有工作人员骑着自行车经过，都是熟脸儿，有些匆忙擦身，但也要彼此点个头，有些不忙，就干脆下车聊两句，然后再滑轮上车。

人一恍然，仿佛就穿梭到了二十世纪七八十年代的胡同四合院，家家户户都认识，十几米路能走上半个小时。

顺着建福宫西墙拐进一个长夹道。再往北，春华门前，三位脖子上挂着故宫工作牌的人，指指点点。"最近这儿可能要修。"小姑娘刚上班一两年，声音清亮柔和，不急不躁。

刷卡进了科技部的玻璃门。一阵风涌过来，立了夏的风，还跟春风似的，轻轻柔柔的，探出墙头的杏树叶子沙沙骚动着。屈峰所在的小院儿就在墙后。

这儿真就是座四合院，没有金碧辉煌的大殿，正房都是最朴素的灰瓦。不知道是不是因为沾了"木"器组的边儿，这里院子里树木繁茂。

每天，屈峰走这条路上班，每一次都是一场修行，隔绝凡尘，静心凝神。

他是西安人。站在四十岁的门槛上回首：年少求学坎坷，足够写本小说了，他哈哈一笑："这段就快进了吧，人生么，都懂的。"

那就从2006年开始聊，这一年屈峰从中央美院雕塑系硕士毕业，梦想当一名艺术家。这个词在百度百科里的解释是：具有较高的审美能力和娴熟的创造技巧并从事艺术创作劳动而有一定成就的艺术工作者。屈峰当艺术家的首选是继续留校任教，可惜学校那届不招人。

为了生存，两个工作他必须选一个。一个是去一所学校教色彩。还有一个就是去故宫博物院修文物。"我也学过画画，但来故宫能做雕刻，所以进了宫。"

不过，当聘用合同真摆到屈峰面前时，他在佳木葱茏的御花园里长久地愣神儿："难道人生就这样了吗？"

如今提起当初，屈峰觉得年轻的自己挺有趣儿的。"我是专业成绩最好的，毕业作品获得了学校一等奖。到了故宫，那就做不了艺术了。您瞧，当时我对艺术可是执着得很呢。"他说了句俏皮话，"我之前没干过文物修复，但是我跟学校修过石膏像啊。有一回我们借了个教具，结果不小心给弄碎了。我就跟师妹两人连夜给拼好，修好，做了颜色。还回去，教具科愣是没看出来。这是我们的基本功，修，是美术的基础。"

最后，一闭眼一咬牙，屈峰还是签了。

步入社会的第一个十字路口，他往前迈了一步，但几次都想缩回脚。

"学艺术的嘛，纪律性不是特别强。"他挠挠头，坦诚得像个孩子。

这种不适应，从进门就开始了。"我以为就算没有窗明几净的工作室，怎么也得是格子间啊。可是一进门，我一瞅，呦，这不就是'农家院'吗，各式各样的树郁郁葱葱，大水缸上盖着木盖子，门上还有挂锁。我从小就是在这样的农村院子长大的啊。"

进了屋，地面是旧时铺的大石砖，岁月留下的坑坑洼洼里，散落着一层木屑。也许，这些木屑出自某尊雍正收藏的宋代佛像、乾隆坐过的明代圈椅，也或者是康熙使用过的某件屏风。窗户上挂着古旧的白色百褶窗帘儿，让人禁不住猜，到了冬天窗台上是不是也会摆着一排存西红柿酱的玻璃瓶子。

按照故宫文物修复延续至今的"师徒制"，屈峰拜了当时组里年纪最大的郭文通为师。"头天领导把我俩叫到一起，让互相了解了解，感觉跟相亲似的。"

拜师时，全组同事在场，屈峰给老师傅倒一杯清茶，双手奉上，喊了声"师父"。正屋当中一把木椅上，当年五十五岁的郭文通正襟危坐，点头接过茶。"我们学艺术的，不讲究这个。在美院工作室也跟老师，不过不管多大岁数都直呼其名。"

第一年里，原则上是不能碰文物的。屈峰的主要工作就是看师傅干活儿，打下手，做一些复制品，还有打水扫地。

"有时候抻脖儿凑近了看，师父都会嘱咐'躲远点儿'。"屈峰直言，对这种清宫留下的装饰繁复的木制品，最初不是太感冒，因为太工匠式了，没创意。"这样的东西让人觉得技术真好，但格调和想法都不高明。"

再加上家具本身先是实用性的，有些审美价值确实比不上书画、玉器。"有时候我们修文物，也在开玩笑：这件东西做得真丑。但是丑也得按照丑的来。"

师父教的第一件事儿就是：一件东西如果找不到相同样式的参考，就不能动。必须有"原样"，而且要严格按照原样来修。

那会儿，屈峰是咬着牙干活儿，因为提不起兴趣。他至今清晰记得，自己手里过的第一件文物是一个1.5米高的清代木制佛塔。主要工作是负责补配塔檐上缺损的龙头，成年人拇指大小的龙头，一模一样的，他雕了十五个，花了一个半月。

"实话实说，落差太大了。当初我下了苦功夫才考上中央美院，我们专业那年全国就招了八个人，可是学成毕业，怎么好像干的就是普通木匠的活？"

甚至酝酿"逃跑"的他每次接了活儿，都是早早完活儿。这就跟学生完成作业一样，早完事儿早放学。

有一次，他给一个玉山子底座补配一只缺失的底足，一口气儿就做完了。

交活儿的时候，师父说："你做快了。"

"做快了不好吗？"

师父抬了抬眼皮，瞟了他一眼，慢条斯理地问："这东西你琢磨过吗？"

屈峰愣住了，仿佛一下子被点醒了。

屈峰修过一把椅子，学名儿叫紫檀嵌粉彩瓷片椅，故宫博物院一共藏了十四把。关于这件椅子的年代，朱家溍主编的《明清家具（下）》将其定为清雍正时期，将椅围上的四季花鸟图粉彩瓷片的绘制风格和画面格调与雍正时期瓷瓶上的同类题材相比较，也能看出其具有雍正时期的一般风格。

到屈峰手里时，这把椅子主要受了两类伤。一类是木头本身开裂了，比如椅子腿儿劈了、牙板开了、束腰有断、椅围面心出现龟裂等等。还有一类是配件的毛病，有些瓷片已经松动。

"这椅子一看不是做着玩儿的，肯定是专门定制的。"屈峰分析起来头头是道，"瓷片镶嵌得也讲究，先把瓷片镶嵌在一层板儿上，然后打洞，用铜丝固定，再用一层板子夹上。这样从椅子后边根本看不出来镶嵌的痕迹。"

就这么把断了腿儿的椅子，屈峰看出来毛病。"当时没注意木纹的问题，这木头是斜纹，稍微一吃劲儿就容易劈，所以来的时候三条腿儿都断了，而且好多牙板都裂了。"椅子腿和椅面的结合处藏着个扣子。"一般就是用一个格肩榫一插就好了。这个是在格肩榫前面加了一个楔子，整个结构一下子就复杂了。开始我以为是料不够了，凑合对付的。后来一看，这套椅子都是这个结构。"

为了美观么？也瞅不出来特别。那为何古代匠人选了这种费力不讨好的做法？屈峰到现在也没想明白。

"这就跟讲故事一样，不一定每一个都有结尾。有时候就需要不断地去探讨。"屈峰的思路开了，连自己工作的屋子都"考研"了一番：这院子与金碧辉煌的紫禁城显得"格格不入"，这里原本是"冷宫"。"有传说，皇帝不进灰瓦的屋子。我这间屋子据说是当时光绪皇帝的一位妃子住，里外七十多平方米。"

如今，时光掩盖了曾经，繁华未必守得住，但寂寞却是每个工匠必须耐的。"慢慢来"，也开始变成屈峰的口头禅之一。

白马非马

偶尔也有朋友问："能不能拿故宫的料给做个串珠？""修复时用的是清宫留下的老料，要核算了重量去库房选，再称重。"屈峰说，"多余的还得送回去。"

屈峰说："我不做收藏，也喜欢，不过买不起。"

有一次，有人托朋友找到他，去给一屋子货掌眼，是花了好几千万收藏的。屈峰想着，一不收钱二不开证明，就去见识见识呗。去的时候，小车来接的，屈峰特意拽上了一位老师傅。

进门一看，屈峰就来了一句："一件真的也没有！"

买主愣在原地，久久回不了神儿。屈峰抻抻老师傅衣角，自己灰溜溜打车回来了。他呵呵地笑："老师傅调侃我嘴快，连口水还没喝呢。这都是玩笑话。不过，机器做的东西，一眼就能看出来。"

在他眼里，文物和木材没有价钱，但有感情。

如今，屈峰偶尔路过宝蕴楼，都会进去，驻足在一把藤椅前，满足感充满胸腔。

与故宫动辄几百岁的藏品相比，这把民国时期的椅子算是文物界的小辈儿。单就木器一类，与宫里或紫檀或黄花梨的高档材质比，这把椅子就是最普通的藤编。

但是它的修复，却让屈峰念念不忘。这把椅子是故宫博物院第一任院长坐过的。送到木器组的时候，棕藤编的椅子腿儿都弯了。保管员说，估计好几十年放在库里没人动过了。

给变形成罗锅儿的腿掰直了，要的是耐心。"不能用劲儿大了，加点水然后给点温度，压住固定。一遍一遍地，重复调整了两周多，没什么技术，比的是耐心。"

有了情，一切变得诗情画意起来。

也许，当年老院长就是坐在这把椅子上，做了决定，邀请一批能人进宫修宝。这批人里有一位是前门大街古典家具铺子里的巧匠，姓白。二十世纪七十年代，这位老匠人收了位徒弟——复员转业兵，因为爱用木头雕军舰，算是有点基本功，所以被直接分到了木器组。这人就是郭文通，屈峰的师父。

2008年，清代的文渊阁十二围屏被送到木器组。其中一扇破损严重，只剩下诗词屏芯，下半部分的三块雕龙板都缺损了，需要补全。

屈峰领到了一块方形的小雕龙板，另一位姓刘的老师傅，负责补全一块圆形的大团龙板。屈峰想自己科班出身，这都不算事儿。等雕了八成的时候，他瞄了眼刘师傅的团龙，发现不太对了。这时候就跟同框合影一样，美丑立竿见影，刘师傅的生动，自己的呆板。

刘师傅点拨他："你这龙跟没吃饱似的，身上的曲线不够顺畅，显得没有劲儿。"这就是中国匠人的智慧，很多事儿不能言语只能心领神会。"同样一道线，中间的轨迹、力度和律动的变化，需要沉下心，反复琢磨。"

《我在故宫修文物》纪录片里，有一个公认的泪点：屈峰一边拿着刻刀，一笔一划地雕琢着佛头，一边娓娓道来："你看有的人刻的佛，要么奸笑，要么淫笑，还有刻得很愁眉苦脸的。中国古代人讲究格物，就是以自身来观物，又以物来观自己，所以我说古代故宫的这些东西是有生命的。人制物的过程中，总是要把自己想办法融到里头去，人到这个世上来，走了一趟，都想在世界上留点啥，觉得这样自己才有价值。"

有一条弹幕写道："我这个外行人都听哭了！"

当时，屈峰正在修的是一尊菩萨像。送来的时候，佛像的两根手指头断了，下嘴唇缺了一块儿，飘带碎了，下面的莲花座的莲瓣松散了。

"先做了除尘，松散的地方给加固了，莲花瓣按照原样用竹钉钉住了。按道理，这已经符合展览要求了。"屈峰说，"可是我总觉得这两跟断指别扭。而且这两根手指不是全没了，最下面一截留存着，再加上其他手指的状态，完全能判断出上面指肚的形态，所以我就给他们打电话问能不能给补上？"

上了心，就不再是作业，早做完早交差，而是一种责任了。胳膊有劈裂，本身不打算修，但是披帛紧贴着胳膊和身体，如果不修，很可能断裂的这块儿就不稳定，搬运过程中容易给撅了。"嘴唇是不是也可以给补上，因为缺得不多，显得佛像表情更生动安详。"屈峰说，"整个修补过程都是有依据的，而且会有档案记录，某年某月做了什么。"

每天一进这院子，屈峰就觉得进入了一个相对隔离的世界。他早上七点半左右到办公室，下午五点下班，干起活儿来顾不上看手机，常常是下班了，才发现世上又发生了很多大新闻。

平静如水，淡泊如云。

纪录片播了之后，有朋友开玩笑："艺术家怎么就成匠人了？"屈峰笑答："是木匠。"

此时，白马非马。

屈峰工作照

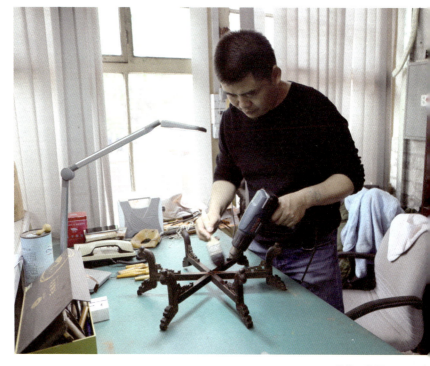

屈峰工作照

格物致知

去采访那天，屈峰正窝在屋子一隅，趴在工作台上，拿着一把小刻刀雕雕划划。

"您干嘛呢？"

"朋友买了个小玩意儿，跟我说雕得不好看，让我给改改。"

屈峰递过手里的小东西，是个双手合十的小和尚木偶，"我现在琢磨过来了，他们太聪明了！他要是给我块木头让我刻一个，我肯定不干。但是说改改，我就上手了。"

"开玩笑，开玩笑！"屈峰怕人误会，赶紧又解释了一句。

当时，整间办公室里，满满当当都是活儿：进门的工作台上，一把椅子被拆成各种板子，旁边放着几根除尘时候用的棉签；迎面儿两张工作台上摆着一摞紫檀嵌玻璃插屏，有些地方年久开裂了，待补；旁边还摆着一把刚修好的扶手椅。"柜子里还有呢，按人头算，一组七个人，一人至少一件儿。"

这么多活儿，替同事修个小玩意儿，不算是走神儿，算屈峰在释放不安分的因子。

"修文物，不像是干别的活儿。觉得烦了，就停手，溜达溜达，散散心，平和了再来。"这是师父反复跟屈峰耳边叮咛的话。

屈峰的办法是，下了班可劲儿造。他有一间工作室，在望京，里面有斧子，一种宫里的修复室里很少用到的工具。

只是也许连他自己也没想到，这里跟宫里依然有着千丝万缕的联系。

他有一件作品，如今被中国美术馆收藏了。题目叫做《十字街头》，是一件雕塑群像。

"刚上班的时候，老师傅中午都会趴在桌子上睡会儿，我闲不住，跟屋里猫着，老出动静，所以干脆出去溜达。"屈峰正说着话，木器组新来的小伙子跟屋里打开磨砂机，车个东西。

屈峰无奈地摇摇头，冲着他喊："你一会儿再弄！"

说话声音被轰隆隆的声音盖住了，屈峰倒也不生气，就坐在椅子上等着，仿佛在回忆自己年轻时类似的"莽撞"。

那会儿，他最爱去的地方就是隆宗门。从他在的小院儿出来，往东溜达十来米就到了。这儿是一处十字路口：往南，前朝，三大殿巍峨挺立；往北，后宫六院，婀娜伶俐；往东，珍宝馆，钟秀别致；往西，就是办公区，安静内敛。

"我就特别喜欢在这儿看人，因为是岔路，很多人到了这儿就会迷茫。眼神里透露出来的，都是一种懵懂的光。"

人生何尝不是如此，未知前路，左右为难。有些人坚持了，有些人退缩了，有些人往左，有些人往右，没有输赢。

他站起来，走到刚修复好的扶手椅面前，端详。"多漂亮。这样子的椅子，全世界就四把。"屈峰炫耀着，仿佛一位后辈在讲述前辈的辉煌。

这把椅子的学名叫明六方扶手椅。椅盘厚两三厘米。椅面是较为罕见的六方形，扶手略外撇，通常于正厅两厢对称陈设。此椅六足外面起瓜棱线，椅盘边抹采用双混面压边线，管脚枨起芝麻梗。其余构件如后腿上部、扶手、搭脑、鹅脖、联帮棍等，都采用甜瓜棱。

"讲究！如此造型起线，体型'空笨'的椅子显得端庄灵气。"屈峰说，这是明代家具中一件不落窠臼、悦目清新的作品。

也许他也没有完全意识到，曾一度以为无处安放的艺术梦，在中规中矩的日常工作中被安放得妥妥帖帖，"中国文化其中有一部分审美的精髓，就在木器里面，我会从这里挖掘，然后通过当代方

六方扶手椅

式的转换，运用到自己的作品中"。

屈峰逐渐找到了匠人和艺术家的平衡点。"旧时一种历史的沧桑，经过了岁月的磨砺。如果看着哪儿觉得不顺自己的眼，那也不能改，修成新的更不想，那不等于自己做了一件么？修文物的原因，是因为它被岁月伤了，要补救一下，延长它的寿命。这就好比给人看病，有人老了，不能说看病给他换个二十岁的身体，那他就不是他了。原本存在的就是一种美，你看不懂，那只能是因为审美角度不同而已。"

师父郭文通修文物，有条雷打不动的原则：使出千方百计，浑身解数，要保留原文物的残件儿，慎之又慎，尽量减少复制部件的范围和数量，以保留文物的原来内涵。他将一个碎成六十多片儿的金漆镶玉宫灯修复完整，过程基本没用新材料，仅是用自己的手艺和原件中铜丝的弹性和韧性粘合残片。

每一位匠人有各自独特的慰藉方式，他们一辈又一辈的通过自己的方式，让传统技艺时隔数百年再次发声。

虚极静笃

屈峰曾经面试过一拨儿年轻人，他问了个问题："你们想过自己的性格合适吗？"

一个年轻人一脸憧憬地说："一想到每天都能接触文物，就心潮澎湃！"

直言爽利的屈峰一盆冷水泼下去："这个地方可不能澎湃，一澎湃就麻烦了，还是要冷静。"

为了给新来的故宫人磨性子，屈峰打算用老招儿；赶上鱼鳔胶快用完了，今年夏天他打算让年轻人用汗水明白一下传承的力道。

这算是故宫木器组的"秘方"。每隔一两年，屈峰他们就要去海边出趟差，有时候是大连，有时候是厦门，不远千里就奔着黄鱼鱼肚去。"这两年越来越不好买，这东西富含胶原蛋白，很多都高价卖给饭店了。"

买回来以后，鱼肚要用温水泡发、加热，然后放到铁锅里捶打，直到打成糊状，过滤晾干以后裁成手指粗细的条状，用时加水熬成胶。只要不受潮，存上十年八年都不会坏。

最痛苦的，要算砸胶的时候。在鱼鳔不断捣碎成糊状的过程中，胶的拉力也会逐渐出来。屈峰说，壮汉砸上五分钟，手就抽筋、浑身冒汗了。"经常用锤子砸着砸着，出了黏性的鱼鳔会把整个锅都带起来。"

累到不行的时候，需要年轻力壮的小伙子轮换着砸。屈峰说："木器室里年轻的小伙子轮流着一刻不停地砸，一天下来，顶多能砸半斤的鱼鳔胶。所以有老话叫好汉砸不了二两鳔。"

每一次制作鱼鳔胶，周期都要长达数月之久。刚来木器组，都得撸胳膊挽袖子先过了这一关。

干吗不去外边买？屈峰解释，市场上鱼鳔胶很少有人卖，即使有效果也不如宫里自己做的，只有费如此心思砸制的鱼鳔胶，在文物修复时才不会对文物产生腐蚀，文物修好了也不会憋屈。

屈峰往东一指，隔壁王振英师傅的父亲，当年给太和殿修龙椅的时候，用的就是这种胶。锅里一熬，拿根筷子插进去，拎起来都不往下滴汤儿。最关键的是，用这种胶修文物，完全可逆，用点热水一泡，就能化开。

修行，讲究的是本真，而非简单的固守陈规。屈峰说："什么叫修旧如旧，界定了旧才有得谈。有人下定义，残缺才是美，但如果一把龙椅缺了腿儿，那不是美，而是失了威仪。所以必须就事论事，怎么修，修到什么份儿上，唯一不能丢的是文化信息。"

屈峰桌子抽屉里收着一把锉。"这是我自己做的，在故宫，工具要跟自己一辈子，全都是自己做。"他说。

小院儿里的东西，正在一点一滴地往骨血里渗透。

最近，故宫木器组在申请国家级非物质文化遗产，内容是传统宫廷家具修复技艺。

一波接着一波的记者来采访，从最初的工匠技艺、师承何人，越往后问题越八卦："有个记者问我家住哪里，房贷多少，在宫里上班一个月挣多少钱……"面对五花八门的问题，屈峰直呼招架不住。"有时候问的都是些家长里短的事儿，随口一答。落到了白纸黑字上，有时候难免产生误会，所以干脆少说多干。"

屈峰也变了。一开始，"我看文物就是文物，我就是我自己。"然后，势必是一场争锋。"我是人，活跃的，文物是静态的，不动的。你怎么对它，它都那样。没得选择了，就跟它死磕，但是耗不出什么，那行了，我怕了你了。愿赌服输，那我就好好对待文物，静下心来研究，通过上一任工匠的刀刻痕迹去努力地了解它。"

如今，"你会逐渐把文物当成一个生命去看。你是一个生命，它是一个生命，两个生命在碰撞的过程中，就会用自己的生命体验去理解文物，反观你和周围事物的关系以及思考你自己要成为一个什么样的人"。屈峰说："人造物的时候，总会把自己的想法融入进去。以物读己，是一种修行。"

如今，每天下班，屈峰都会不自觉地用手拽拽挂锁，是不是牢靠。他还雕了个"保镖"站岗：胖墩墩的苏轼雕塑。他给出了独特的解释："苏轼爱吃肉，不可能是瘦子。"

一处小院儿，任由时光变迁，就这样悄然无声地锁住了匠心。传统和现代在屈峰的手里以一种奇妙的方式交互着。

刘冕2016年5月采写　屈峰提供图片

樊再轩：伫立画壁旁 与毁灭对抗

敦煌莫高窟里绘制的佛国世界正在逐渐消隐：神色安详的人物面孔发黑变色，双手托捧的奇珍异宝翘起鳞片，飘然下垂的柔软丝绦凸起了一个个小圆点……

二百多个需要抢救修复的"重病"洞窟，只能闭门谢客。

一代代敦煌人正在与"病魔"开展长年累月的斗争，敦煌研究院保护研究所研究员、修复技术研究室主任樊再轩带着一个装满工具的提箱，在画壁旁伫立了三十六载。

樊再轩说，时间为莫高窟注入了持续的魅力，但莫高窟的敌人也是时间。我们这些修复者唯一能做的，就是与毁灭对抗，让莫高窟保存得长久一些，再长久一些。

面壁而坐　苦练手上功夫

1981年3月的一个夜晚，一辆大巴车在甘肃敦煌鸣沙山下的一条土路上缓缓行驶着，经过将近一天的交通劳顿，乘客们的脸上带着疲惫，但眼睛里还闪烁着几分期待。

车上大多是二十岁左右的高中毕业生，他们是被敦煌文物研究所（敦煌研究院前身）招考来做"业务干部"的，许多人都是第一次见到茫茫戈壁、大漠黄沙。

十九岁的樊再轩也在他们中间，与同伴们一样，他来自甘肃酒泉地区，本来正准备考大学，听到招聘的消息，父亲劝他去试试："莫高窟，那可是个文人待的地方啊！"

此时的樊再轩只在课本上听过敦煌、莫高窟，混合着好奇与忐忑，少年走进了考场，最终在五六百人中脱颖而出，成为二十名入选者之一。

坐在车上，昏昏沉沉，风掠耳边，樊再轩听到了若有若无的铃铛声。

面对笔者，他透露了当时的所思所想："觉得那个声音特别神

青年樊再轩

秘，好像冥冥之中有什么在召唤我，恨不得早点儿到，去看看。"

第二天清晨，天刚蒙蒙亮，兴奋得一夜没睡好的樊再轩摸到了铃音传来的地方。

"看到那些壁画、彩塑，我的脑子瞬间蹦进一个成语——精美绝伦，觉得一脚踏进了宝藏里。"樊再轩说。

如今，铃铛依旧挂在莫高窟的标志建筑九层楼的屋檐下，楼里供奉着世界上最大的室内石胎泥塑弥勒佛造像，在敦煌扎根了半辈子的樊再轩，穿梭于洞窟间三十六年，铃音伴他来来去去。

这个浪漫的插曲只是新生活的序篇，樊再轩很快发现，八十年代的莫高窟是一个孤独的角落，来时的土路是唯一的对外通道，每隔一周甚至十天，工作人员们才能坐上通勤车、蹬着自行车去市区采购些日用品，寒冬时节，这里的温度达到零下20摄氏度，炉火一旦熄灭，屋子就成了冰窖。

这些来自城市的年轻人，受不了艰苦与寂寞的，有的背着行囊离开了。

樊再轩没有走，他被研究所的课程迷住了。

此时的文物研究所，可谓是青黄不接，招考开始前，所里的工作人员平均年龄在四五十岁上下，揣着一肚子的学问，老先生们忧心忡忡，担心后继乏人。

因此，1981届新人到达后，为了早日弥补人才断层问题，所里立刻开设了培训班，精通艺术、历史、考古的老专家轮番上阵，用了三四个月，将平生所学倾囊相授。

他们希望，小姑娘小伙子们能早日接过衣钵，守护这块

莫高窟35窟龛内南壁西侧千佛起甲

莫高窟44窟中心柱北向面西侧酥碱

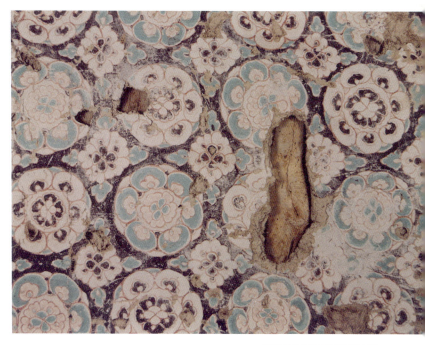

莫高窟246窟甬道顶部空鼓

文化瑰宝。

　　就是在这个时候，樊再轩展现了化学、物理等学科的天赋，文物保护室的李云鹤、段修业等人看他是棵好苗子，课程一结束，就带着樊再轩修壁画去了。

　　在那个大批游人尚未到达的时代，莫高窟已经病害累累：大片大片的画作成块脱落、零落成泥，十几个世纪前的错彩镂金黯淡、碎裂，长袖善舞的飞天脸上仿佛起了"疱疹"，宁静的表情变得怪异、扭曲。

一千六百年的历史，四百九十二个洞窟，四万五千多平方米壁画，这里是世界上现存规模最大、内容最丰富的佛教艺术圣地，漫天花雨与诸位神佛亟待人间的拯救。

现在看来，早期的修复技术简单、粗糙，简单说来，就是两个字——"粘"和"钉"，为了让壁画不再脱落，修复人员用注射器打入胶质进行粘贴，或者把透明、轻薄的材料贴在病患处，再用铆钉固定。

"与目前的先进工艺相比，这些当然是'土方子'，但必须承认，当时的抢救性修复保护了一批得了绝症的壁画，没有让病害继续恶化，后来才有机会让它们得到更专业的治疗。"樊再轩说。

就是这种看上去初级的操作，也需要对力度、方向的精密掌控，讲完了原理，示范了手法，各位老师鼓励樊再轩操作实践，但谨慎的他总是摆摆手，坐在石窟里，面朝着等待修复的壁画，盯着老先生们的每个步骤，一看就是一整天。

"不敢轻易动啊，非常脆弱了，碰一碰、蹭一蹭就掉地上，捡不回来，上千年的东西不能毁在我手上。"只有在中午的吃饭时间，洞窟里仅剩樊再轩一人的时候，他才敢在壁画前比划着操作，而这种难得的实践，也只发生在距离颜料层1-2厘米处。

为了提高手的稳定度，实验室成为了樊再轩最常光顾的地方，如同一名武林中人，他把精力都放在凝神静气的基本功上，绷直了双腿，一手拿着注射器或者修复刀，十分钟、二十分钟、半小时，一个姿势，毫不动弹。

1982年，修复室全体人员前往莫高窟石窟群中的榆林窟工作，樊再轩首次展示了练习的成果。

师傅们觉得，这个年轻后生很有悟性，夸他"修得不错"，但谈到这段初出茅庐的经历，樊再轩的追悔之情超越了喜悦。

"当时有一块太脆了，刚把注射器扎进去，边上就掉了，接都接不住，成粉了，成泥了。这些年我总是想，是不是我扎的地方偏了？还是手抖了？心疼，太心疼了。"樊再轩叹了口气，沉默良久。

千年石窟中光阴流转，悉心指导小徒弟的老先生们逐渐退出了一线， 只有二十多人的文物研究所，壮大为一千六百人的敦煌研究院。

曾经坐在壁画前的樊再轩身后，年轻人的梯队逐渐跟上，他们探查、加固、粘贴，同样的动作重复了成百上千次。

修复的成效却持续不了太长，过了十几年，莫高窟的神灵一个个旧病复发、隐没、离开。

毁灭的阴影在画壁间出没，樊再轩和同事们思索着：如何才能找到相对完善的治疗方法呢？

一支"外国医疗队"的到来，为他们提供了新的思路。

两年甘苦 "81号"呱呱坠地

莫高窟的保护工作从新中国成立前便开始了，文物所首任所长常书鸿在任期间，修筑了八百五十米的围墙，清除了三百多个洞窟的积沙；1950年到1980年期间，五座行将倒塌的宋代木构窟檐被原状修复。为了防止岩体和洞窟的坍塌，两次危崖加固工程先后进行。

八十年代，敦煌研究院成立后，进行了更有效的保护，在重视抢救修复的同时，也不忽视常规的保养维护，在保护莫高窟遗址的同时，也关注了周边的遗址环境，在学习技术的同时，也设立了一系列的管理措施。

敦煌请来了掌握先进文物保护技术的美国盖蒂研究所，1989年，盖蒂研究所与敦煌研究院开始国际合作，第一期工作的重点为莫高窟的环境监测与风沙治理研究；1997年，合作进入第二阶段，美国研究者们开始和樊再轩等人在洞窟里一同忙碌，为壁画寻找

樊再轩与国外专家一起进行壁画保护修复

"药方"。

经过双方专家的细致调查，85窟成了实验洞窟。

世界最先进的保护理念、敦煌最有经验的修复人员在这里集结，他们试图找到一条解决莫高窟主要病害问题的路径。

85窟于晚唐开凿，是张议潮归义军时期的第二任河西都僧统翟法荣为自己修建的功德窟。

这是一个覆斗形的洞窟，中间的坛上，释迦牟尼和两个弟子阿难、迦叶注视着世人。四壁绘制的经变画中，善友太子于树下拨弄丝弦，祥云里飘荡着净土的箜篌和笙竹，反弹琵琶的作乐者腰肢曼妙，身披五彩的演舞人升空旋转，弥勒佛端坐于莲花宝座，满脸太平喜乐。

敦煌研究院的一份报告中这样评价85窟的价值："该窟规模宏伟，保存完整，幅面开阔，气势磅礴。壁画内容题材丰富，佛教各宗之图像在同一窟内杂处分布，五彩缤纷，布局结构紧凑严密，给人一种圆满、富丽、满壁生辉的艺术视觉效果。"

经历了时间与风沙的淘洗，"满壁生辉"已经被满目疮痍代替，四壁之上，几乎汇集了莫高窟所有的病害。

樊再轩告诉笔者，当时整个北壁出现了二十多块空鼓，总面积超过了十平方米。

莫高窟开凿在酒泉系砾岩上，岩壁极不平整、易风化疏松，无法绘制壁画。画匠需要用洞窟附近的粉质沙土，掺加麦秸草调和后，压抹在岩面上，制成"粗泥层"；再用澄板土掺加麻筋，调制成泥，涂抹在上，制成"细泥层"；这样人工制作的泥层合称为

85窟起甲壁画修复前

05窟起甲壁画修复后

西藏罗布林卡金色颇章壁画修复前

西藏罗布林卡金色颇章壁画修复后

"地仗层"，壁画的创作就是在地仗层上完成的。

地仗层脱离支撑体的情况，被叫做空鼓，严重时它会导致壁画大面积脱落，造成粉碎性的破坏。

对于空鼓疾患，工作了十几年的樊再轩并不陌生，但始终没有摸索到治标治本的修复方法。

与本土修复者们的工作方法不同，盖蒂研究所的专家们从壁画现状调查入手，通过监测洞窟内的温湿度、崖体中的水汽，掌握了大量的基础环境数据。同时，X衍射、扫描电子显微镜、偏光显微镜、气相色谱和质谱联用技术、离子色谱等多种分析技术陆续参与，壁画颜料、颜料中的胶结材料得到了全面系统的分析。

经过大量监测和反复试验，他们挖出了病灶——地仗层中的氯化钠等可溶盐。

提到这个发现，樊再轩感慨："这就相当于人得了病去看医生，我们之前'头痛医头脚痛医脚'，没研究为什么得病。盖蒂研究所的研究方法和西医差不多，先找病因，再下药。"

如何降低石窟中的盐分？国内外研究人员们深思熟虑、反复论证后，提出了一个途径——"灌浆"，往地仗背后注入液体，让水汽渗出来，再在壁画表面添加吸盐材料，把壁画的盐分控制在安全数值。

樊再轩所在的修复小组承担了研制灌浆材料的任务，一干就是两年。

樊再轩告诉笔者，灌浆材料需要具备几个特点：一要重量轻，不能给摇摇欲坠的壁画表层增加重量上的负担。二要透气性好，收缩率小、强度适中，与壁画能够比较好地融合。三要流动性、可灌性好，能够自如带着盐分在壁画下方游走。四要迅速干燥，以免时间长了，过多的激活地仗层里的可溶盐。

那段时间里，材料占据了樊再轩生活的全部，不仅和朋友、同事聊，休息、吃饭、出差甚至做梦的时候都是念念不忘，试验了上百种不同组分不同配比的材料，才做出最后的选择。

这种材料以它在实验室中的编号命名——"81号"。主要成分为澄板土、浮石、玻璃微珠、鸡蛋清，按照1：0.71：0.1：0.05的质量比调配。

在这份材料配比表中，鸡蛋清的出现让人觉得有几分突兀。

"不要小看这个咱们平时做菜用的东西，它的好处可是不少，一是能增大混浆的体积，在不降低强度的情况下降低材料的分量。二是在潮湿条件下，它的黏结作用很理想。三是直立性好，混浆灌进去后，能做到一条线上去，不会散开到其他部位。"樊再轩不太记得，是哪位同事提出了加入蛋清的设想，但无疑，这是个灵光一现的创意。

莫高窟85窟的现场修复工作从1997年5月开始至2005年9月结束，历时八年半，共修复各类病害壁画354.42平方米。

国家文物局首次举办的"文物保护科学和技术创新奖"评选中，"敦煌莫高窟第85窟保护修复研究"项目斩获了二等奖。

85窟的经验广泛运用在莫高窟其他的壁画修复保护上，但樊再轩认为，这项工程的意义远不止于此，"盖蒂保护所向我们传播了一种新的文物保护理念，不止是壁画，面对任何文物时，我们首先要做的不是匆匆上手去修复，而是要静下心来，调查病害、认识材料，对造成病害的原因进行科学、系统的分析，这样才能守护好我们的民族宝藏，让它们留存世间的日子变得更长"。

针对病害　设计修复工艺

樊再轩告诉笔者，目前，我国的文物保护工作者们已经制定了科学化、规范化的壁画保护修复程序，按照"最小干预"的原则，延长壁画寿命，避免对壁画进行进一步破坏。

修复程序的前三步可以算是"望闻问切"：首先收集资料，与壁画历史、价值有关的文献档案和历史照片都会进入视野，要对前人做过的保护、研究形成了解。然后评估壁画的历史、艺术、科学价值。接着对壁画所在的自然、地质环境进行研究，观察现阶段的壁画环境是否会造成进一步的破坏。

从第四步才开始"抓药"：先进行制作材料和工艺的分析，为保护方法和保护材料的选择提供基础；再进行病害机理研究，分析病害原因，这些都完成后，才能筛选修复材料。

修复工艺和材料都要经过繁复精密的现场试验，长时间观察，测量的结果理想后，最终应用在壁画之上。

在85窟的修复过程中，敦煌研究院完成了"空鼓灌浆技术"的研发，修复步骤分为五部分：首先是开孔，根据壁画空鼓的程度和范围在颜料层脱落或地仗层破损处，用微型电钻钻直径0.3毫米的灌浆孔。第二步埋设注浆管，把它插入壁画和崖体的空隙中，并根据

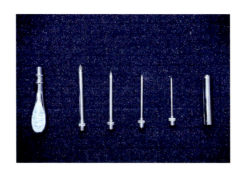

空鼓壁画开孔工具

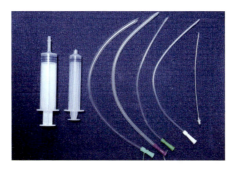

空鼓壁画灌浆工具

修复地仗的工具

空鼓的部位随时调整。第三步用压缩空气清除地仗背部和崖体表面的尘土，提高黏结力。第四步灌浆，用注射器将配制好的灌浆材料（81号）顺着注浆管压入壁画空鼓部分。

樊再轩告诉笔者，灌浆看似简单，对于"手感"的要求却相当高，如果壁画下的空隙积压了空气，不排出的情况下强行灌入浆液，空鼓壁画就会膨胀、开裂，造成更大的破坏，因此要在灌入过程中，随时敲击、观察、调整。

"手感"是实地经验培养出的结果，没有任何投机取巧的捷径，一个合格的修复师往往要工作上三五年，才能做出比较准确的判断。

到了最后一步，用透气性顶板把吸水脱盐材料顶在灌浆加固位置，支起壁画后，一块空鼓才算修复完成。

和空鼓一样，酥碱也是盐害活动的结果，发病区从石窟底部，向上侵蚀，底端壁画发酥，上面的就摇摇欲坠，一毁，就是一大片。

因此，业界有人将酥碱称之为"壁画之癌"。

重病的治疗程序往往相对复杂，酥碱壁画的修复程序多达七步：首先要除尘，由于酥碱地带的颜料层非常脆弱，地仗层酥软粉状脱落较多，除尘的时候必须要格外小心，掌握好力度，既要清除粉尘，又要保留粉化的地仗层。

第二步是填垫泥浆，酥碱壁画会有多处地仗脱落和缺失，颜料层形成悬浮，如果直接注射黏结剂回贴，会使颜料层低陷，画面凹凸不平，影响美观，所以先要把地仗补全。

莫高窟376窟龛内顶部空鼓

莫高窟80窟顶部酥碱

樊再轩对壁画进行脱盐处理

　　第三步是注射黏结剂，填垫的泥浆半干燥时，使用注射器将黏结剂沿悬浮颜料层的边沿，注入颜料层的背部。

　　"如果说空鼓的治疗像在输液，酥碱的修复就像是打针了。"樊再轩说，"打针也要斟酌力度，太轻的话达不到粘贴的目的，太重的话胶液会到处溢流，量太大的时候甚至表面的壁画也会被粘掉。"

　　樊再轩告诉笔者，修复材料和壁画本身的材料性质越贴近越好，通过前期实验，传统绘画材料明胶（动物蛋白型）被筛选为黏结剂，它和壁画原有的胶成分基本相同，无色无味，无毒无腐，粘得牢，不脱落。

武威天梯山石窟搬迁壁画修复前

武威天梯山石窟搬迁壁画修复后

第四步是回贴颜料层，待胶液被填垫的泥浆和地仗层吸收后，用修复刀将悬浮的颜料层轻轻回贴原处，接着用垫有棉纸的棉球对颜料层进行滚压。第六步很关键，要用透气性顶板把吸水脱盐材料敷贴在壁画表面，对壁画进行脱盐处理。

在空鼓和酥碱壁画修复过程中，都要用上吸水脱盐的材料，它的筛选同样是个严苛的"选秀"过程：KC-X70、KC-X60（纯木浆与无纺布交织在一起制作成的高吸水性材料）、细毛毯、脱脂棉、生宣纸、日本棉纸、M-F2001(合成纤维与聚酯树脂混合在一起，制作成的高吸水性材料)、镜头纸、粗羊毛毯、细羊毛毯、KC-X60两层中间负载脱盐材料被一一提名，进行比选。

在前期的"头脑风暴"中，有个工作人员甚至很接地气地提到了婴儿尿不湿，修复小组采纳了意见，当成了备选项，但最终因为尿不湿吸水后会变硬，小颗粒会造成壁画表面损伤而放弃。

实验证明，KC-X60中间负载脱盐材料总吸水量可以达到自重的5倍多，且吸水持续能力较强，脱盐材料加载在两层KC-X60中间，使得脱盐材料不易脱落，符合现场脱盐应用，顺利入选。

二次脱盐为最后一步，注射进的水分带着盐到达壁画表面时，吸盐板能够吸附大多数的盐分，但小部分的盐还停留在画面层上，不进行脱离，就会损伤颜料层。这时要用上低温蒸汽和棉纸，把棉纸裁剪成长宽均为5厘米的方形小块，用保护笔的蒸汽将其打潮，敷贴在壁画表面，再用软海绵使纸块与壁画充分结合，把结晶盐吸附在纸块上，干燥后取下。

除了空鼓和酥碱，莫高窟还有一类常见病——起甲。起甲壁画

莫高窟280窟西披中部睡佛龟裂起甲

莫高窟130窟北壁壁画修复前

莫高窟130窟北壁壁画修复后

就像得了"牛皮癣",一片片翘出凌乱的弧度,原本发硬的颜料层部分变形、酥软,一小块一小块地跌入尘埃。

起甲壁画修复相对简单,但也分了四步:首先要除尘,起甲地带一旦遗留尘土,颜料层和地仗层就粘不牢。因此用洗耳球将颜料翘起背后的尘土和细沙吹干净,然后用软毛笔将壁画表面的尘土清除干净,过程中必须轻手轻脚。

第二步是注射黏结剂,用注射器将胶液注射到起甲颜料层的背部。

第三步要回贴颜料层,待胶液被地仗层吸收后,用棉纸垫着修复刀,将起甲壁画面轻轻回贴原处。

最后,当颜料层回贴到原地仗位置后,再用纺绸包裹药棉制成的棉球进行滚压。

樊再轩告诉笔者,连棉球滚压的方向也有讲究,应从颜料层未裂口处向开裂处逐步推进,这样能将起甲内的空气排出,不会产生气泡,另一方面,也不会把壁画压出褶皱与纹路。

协助修复 提箱日行千里

从打出第一通电话开始,到成功约到樊再轩采访,笔者用了一个多月的时间。

9月初到10月中旬,樊再轩没有回过敦煌。

2009年,"国家古代壁画保护工程技术研究中心"成立,敦煌研究院是主要组建单位之一。

樊再轩修复塔吉克斯坦国家博物馆收藏的片治肯特遗址出土壁画

在那之前，樊再轩等莫高窟修复人员就开始了"四处漂泊"的日子，他们往来于寺庙、墓葬、博物馆，为西北、东南、西南各地的遗址保护提供技术支持。

由于环境、质地、绘画材料和病害的不同，每一个修复现场，樊再轩都要从零开始，调查评估、筛选材料、琢磨工艺，进行现场实验。

2001年，敦煌研究院承担了西藏萨迦寺、布达拉宫和罗布林卡等三处寺院壁画的保护修复任务，樊再轩是主要参与者之一。

与莫高窟的墙体不同，三大寺院的壁画墙体分为夯土墙、块石墙和轻质墙三种，壁画病害中，空鼓壁画面积占到四分之三左右。

2002年，修复人员进驻拉萨，经过数次的会议研讨，选定布达拉宫的无量寿佛殿为块石墙体试验区，东大殿作为夯土墙体试验区，来验证两种不同墙体典型空鼓壁画的加固效果。

无量寿佛殿北壁西侧上部，一块四平方米左右的壁画成了空鼓的重灾区，已经出现了大面积的剥离，为了尽量减少对于试验区完好壁画的破坏，修复人员在这块区域的破损处使用了内窥镜，观察到前人修复的痕迹——环氧树脂和玻璃纤维的存在，但此时的墙体、地仗层和修复材料已经完全分离。

东大殿西壁北侧的壁画空鼓有所不同，病害并没有想象中严重，虽然用手敲击时，会发出"咚咚"声，但壁画并没有完全离开墙体。

由于夯土层和地仗层中存在一层失去内聚力的疏松软土层，壁画呈现出空鼓感。

　　基于表现特征的差异，修复人员用不同的方法灌浆加固：无量寿佛殿结合了点状灌浆与锚固，东大殿的空鼓壁画用渗透加固和锚固辅助进行。

　　"看上去都是空鼓，但就像有的感冒是病毒性的，有些感冒是热伤风，病因不同，症状也不一样，查清楚有什么具体表现，才能有的放矢。"樊再轩说。

　　历时十四年，敦煌研究院完成了西藏萨迦寺、布达拉宫和罗布林卡壁画的保护工程，加上阿里古格遗址、日喀则夏鲁寺壁画项目，累计修复了各类病害壁画八千八百余平方米，最大限度地保持了壁画的原貌。

　　这一工程只是樊再轩参与过的修复项目中的一个，"工程中心"成立后，他接手的任务更多了，河北、内蒙古、浙江、新疆、四川等地，都成为了临时的工作地点，其中仅大型项目就有十多个。

　　"我现在在重庆大足石刻做试验，刚结束，明天去下一个工作地点，整个九月都在外面，特别忙，没时间，你等下个月再联系我吧！"9月初，电话里的樊再轩这样答复。

　　为了保证材料的最佳施工环境，壁画修复工作通常集中在每年的5月到10月。

　　在樊再轩的办公室里，他向笔者展示了最重要的"行头"——一个棕色的手提箱，里面散落着注射器、胶管、修复刀，还有一个个装满材料的小瓶子。

　　"这箱子跟着我跑了大半个中国，里面又是针又是刀，我出门

天梯山石窟胁侍菩萨塑像修复前

天梯山石窟佛像修复中

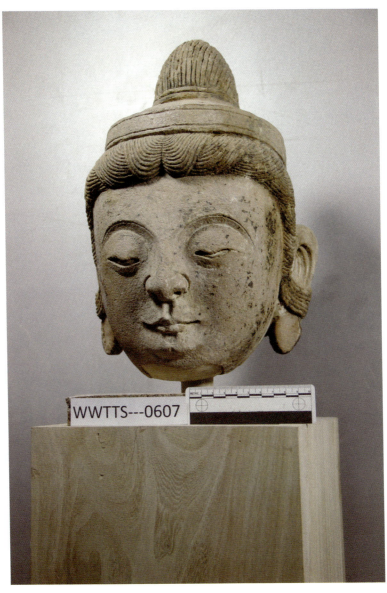

WWTTS---0607

天梯山石窟胁侍菩萨塑像修复后

要记得带单位的介绍信，要不乘飞机坐火车的，安检过不了啊！"
樊再轩说。

一年中的二百五十天左右，樊再轩都处于出差状态。

触类旁通　亦可"接诊"彩塑

敦煌研究院的修复技术声名远播，不止壁画，其他种类的文物
保护单位也相继发出协助约请。

2004年，敦煌研究院组织樊再轩等修复人员对浙江省博物馆的
三座北宋彩塑进行保护修复。

"我的主要研究领域是壁画，但文物保护本质上是一种方
法论，掌握了程序和原理，按步骤进行，就可以完成各种修复任
务。"对于这三位"新病人"，樊再轩没有任何畏难情绪。

修复小组在制作材料和工艺领域展开了调查：三尊彩塑都是
木质泥胎，骨架材料为杉木条，上面的塑土富含高岭土，掺加了黄
泥、谷壳和短麻丝，捏塑成型后，附上混合细麻丝、桐油的细泥，
用胶料调制矿物颜料进行上色。

接下来是病害调查，通过分析彩塑的颜料和泥层保护状况，樊
再轩发现，三座彩塑在不同程度上出现了破损开裂：供养人立像帽
沿金箔脱落、衣裙的下摆裂开了一道口子，站立不稳，摇摇晃晃；
观音立像的飘带、莲花座脱落光芒，变得色彩单一，左耳后部还有
一道明显的"伤痕"，几乎能观察到内里的木骨架；观音坐像裸露
处颜料卷成一片片，右手的手腕和五根手指断裂、变形。

　　樊再轩和同事们研究后决定，优先对颜料层起甲、粉化和彩塑结构失稳残缺部位进行加固，局部残缺部位做出有根据可识别的补塑加强，至于颜料层脱落处，只进行预防性渗透补强。

　　"文物不是越新、越完整才有价值，不能看到有块颜色没了，为了美观，拿起笔就往上涂，这样文物古老的历史信息就被掩盖了，造成人为的破坏。部件也是，通过查阅资料，能明确是什么姿势、什么形状的可以补，不清楚的宁可让它残缺着，你看断臂维纳斯，多少年来有那么多猜想，也没人去安上两条胳膊。"樊再轩说。

　　三座彩塑的修复操作中，大多程序都是常规性的：除尘、用修复刀贴上与原作成分类似的粗泥和细泥、给起甲处"打针"……其中一个细部，渗透了修复人员最多的巧思。

　　这个部位在供养人帽沿的下面，那里本来有一圈金箔。因为白粉层所剩无几，失去了原有的黏结力，出现了开裂、起翘。

　　金箔是个难以处理的部件，它轻薄、脆弱，如果采用修复颜料层的传统方法，无疑是粗手绣花，金箔会褶皱、断裂甚至破碎。

　　修复人员讨论再三，参考了古代贴金箔的方式，决定采用"吹刷法"。

　　这是个精细活儿：先要用小扁棉签蘸着严格配比的乙醇水溶液，轻拭泥层表面，再将0.5%(w/w)有机硅改性丙烯酸乳液与0.5%(w/w)改性丙烯酸乳液以体积比1：1混合，用五号针头注射器把混合液体小心滴注金箔开裂的泥层表面。

　　等到半干，用五号针头注射器将2%(w/w)改性丙烯酸乳液的加固剂滴注一遍后，再用小竹管将金箔小心地吹回原位。

最后，干毛笔轻刷金箔表面，确定金箔与泥层粘接牢固后，才算大功告成。

头戴花冠、身垂飘带的供养人彩塑，在出土近四十年后，再度展露了衣饰的富贵与华丽。

"作为文物保护者，始终要坚持'不改变原状'的原则，在这个基础上，缺失的尽量填补，破损的尽量修复，伤害是不可逆的，我们的职责就是从时间的洪流里打捞文物，有生之年，让更多的人能够亲眼看到它们。"樊再轩说。

匠心传承 永做敦煌子民

和所有的父亲一样，无论工作多么繁忙，樊再轩都要抽出时间，关心孩子的学业和前程。

他的女儿今年二十四岁，正在准备深造。她申请的研究生专业让樊再轩夫妻有点意外——博物馆学。

"我和妻子从来没有干涉过女儿的专业选择，想学什么，都是她自己做主，不强迫接班。但孩子学了博物馆学，未来从事的职业肯定也和文物保护有关系，我挺欣慰的，感觉我们的事业有了传承人。"樊再轩说。

樊再轩和妻子是在莫高窟结缘的。当时因为环境闭塞，距离城区较远，加上单位里的男女比例有些失调，樊再轩等男青年的婚姻问题迟迟未能解决。

后来，随着游人的增多，莫高窟招聘了一批女讲解员，促成了好几对夫妻，其中就包括樊再轩夫妇。

1993年，樊再轩的女儿出生，当时两个大人白天都要上班，孩子没人看，只能送到五百公里外的父母家。

很长一段时间，夫妻二人只能在周末，坐上五六个小时的长途汽车去看望女儿，忙起来的时候，一两个月都无法团聚。

后来，市区建了家属院，一家人总算凑在了一起。

"她从十三四岁开始，成了莫高窟的常客，不上课的时候就过来玩，在石窟那里跑来跑去，壁画里是什么故事、上面画的是谁，不懂就到处问，同事都愿意给她讲讲，久而久之，都能当个小讲解员了。"樊再轩笑着说。

或许就在这个时候，华彩缤纷的经变画、眉目低垂的菩萨像与生动鲜活的耕织图在小女孩心中烙下了奇幻的斑斓。

少时埋下的热爱，十年后破土而出。

"仔细想来，我完全能理解她的选择，莫高窟和别的旅游景点不一样，你来了，就会爱上这里，爱上这里，你自然而然就想做相关的研究了。"樊再轩说。

女儿幼年时，樊再轩本人曾受到高薪延揽，但最终他还是回到了这里。

1994年至1996年期间，樊再轩被派往东京艺术大学美术学部研习修复技术，在日期间，数家文物修复单位伸出橄榄枝，月薪最高开到了五十万日元，希望他带着家人，办理移民。

90年代的日本，经济正处于起飞阶段，文物保护也一直算是体

面、优越的行业，留在日本，不仅
可以获得翻倍薪资、锦绣前程，还
能享受独立的实验室，接触到众多
闻所未闻的设备。

当时樊再轩在敦煌的月工资只
有一千元人民币，留在日本不仅意
味着能享受更富足的家庭生活，也
意味着能获得更优越的研究条件。

但是完成学业后，樊再轩婉拒
了所有邀请，登上了回国的飞机。

就像莫高窟经变画上的修行
者，面对重重试炼，心怀笃定，毫
不动摇。

"没什么好后悔的，研究院派
我出国是去学习经验技术的，学完
了，自然要回来，莫高窟就是我的
家，有好的机会就出趟远门，取取
经，但千好万好不如家好，人啊，
总是要回家的。"樊再轩说。

樊再轩觉得，莫高窟仿佛有种
魔力，来了，看到几个世纪前的精
美壁画，就会沉浸其中，再也离不
开了。

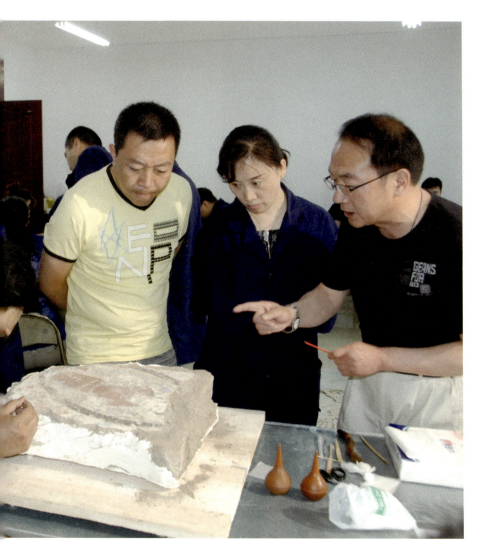

樊再轩（右一）向学员讲解馆藏壁画修复技术

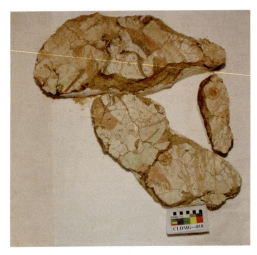

新疆达玛沟遗址出土壁画修复前

新疆达玛沟遗址出土壁画修复后

谈到对于人生的规划，樊再轩并没有说出什么激动人心的豪言壮语，他只希望，能够在辗转各地的出差间隙，每年抽出两三个月，静下心来，带着徒弟、学生，继续一片片修复莫高窟破损的壁画，或许有一天，能带着女儿、带着孙辈，几代人一起做下去。

这是一名老修复师的期待与信仰。

前秦建元二年（366年），僧人乐僔途经敦煌，见金光闪耀，如现万佛，俯身立拜，发下宏愿。

他历经磨难，于岩壁之上，开凿了第一个洞窟。

自诞生之日起，莫高窟从来不缺少关于信仰的故事。

僧侣、信众、供养人、画家、雕塑家、修复师……四百九十二个洞窟，千百年来迎接了无数的驻足者，他们朝拜，他们供奉，他们描绘，他们守望，他们终其一生，至死不悔。

樊再轩说："壁画修复没有捷径，只能依靠人力，一厘米一厘米地处理。作为一名修复者，我能做的只有一件事，就是同毁灭抗争，让莫高窟保存得长久一些，再长久一些。修复工作做好了，我们的子孙后代才能继续欣赏前人创造的艺术奇迹。坚守敦煌的艺术事业，不是我一个人，而是我们整个敦煌研究院的传统，从常书鸿、段文杰等前辈开始，大家都有一个坚定的信念：不能让敦煌的珍品再受损毁。从拿起修复刀的那一刻起，我永远是敦煌的子民。"

崔乐2017年12月采写　樊再轩提供图片

刘江卫：复活的不只是兵马俑

兵马俑名满天下，兵马俑博物馆里的修复师们却始终平凡而安静。

离永远人流熙攘、人声鼎沸的一号坑不远，有一道铁门，分隔开工作区与游览区，也挡住了热闹与喧嚣。

铁门的那一侧，在朴素、安静，甚至有点幽暗的办公楼里，走廊尽头，是刘卫江修复小组的工作区。

刘江卫，这位明年才到知天命之年、不苟言笑的眼镜男，是今天秦始皇帝陵博物院文物保护部中入门最早、资历最老的修复师。

在这样一个信息过载的时代，刘江卫这样在业内赫赫有名的修复师，网上的有关信息居然少得可怜，为数不多的几条不是论文目录，就是新闻群像中一带而过的一个名字。

问他的主任夏寅，江卫是个怎样的人？夏主任笑眯眯地看着我，只一句："他话不多。"

请江卫自己提供点资料，字号和行间距都挺大的简历，一共只有一页半，一个形容词没有，全是主持、参与了什么项目，写过什么论文。

作为今天秦始皇帝陵博物院文物保护部门中入门最早、资历最老的修复师，这份干巴巴又沉甸甸的简历背后，却藏着一份安静与坚持，以及这份安静与坚持所造就的一个个传奇——

二十三年前，他已经是兵马俑一号坑的修复负责人，几年间带着一队人马修复了几十件秦俑。

1998年，他参与了石铠甲坑的现场保护、提取，以及后期文物的修复。这是文物保护修复人员第一次直接参与秦始皇陵的考古发掘。

1999年，作为联合考古队的成员，他再次出现在百戏俑坑的发掘现场。

2000年，秦始皇陵封土约2公里处出土了一批罕见的青铜水禽，鹤、雁、天鹅，姿势各异，他是修复项目的负责人。

……

从办公室走进修复室

刘江卫与兵马俑的初见是在上初中时，当时铜车马正在发掘中，爸爸专门带他去看。

1987年，兵马俑博物馆公开招聘，不到二十岁的刘江卫进了馆里办公室工作。当时铜车马正在馆里的保管部进行修复，从小就喜欢拆拆装装的刘江卫没事儿就跑去趴窗户。

三年后，当主任问他想去哪个部门工作，他毫不犹豫地选择了文物修复。初学乍练，从文物包装，到加固隔梁时拌水泥、钢板除锈，再到给老技工们打下手，汗没少流，亏也吃过。现在大件文物都用机械吊，那会儿可都靠人工抬——想把一匹陶马搬上架子得七八个人一起手搬肩扛。为增加修复保护成型后陶马躯体的强度，他钻进陶马腔里加里衬，差点被酒精熏晕；翻模被石膏烧得手褪了一层皮……"那时候很苦，但也学到了许多东西，有兴趣！"

和我们拼图不同，文物是立体的，大型、复杂的要先分多个局部分别粘接，不但要头脑中勾画立体图，还要讲究归位的次序，考虑后面的部分是否放得进去。前面一个小问题，都会导致最后合拼时茬口对不上。而且，修复师手中的每一个碎片都是唯一的，已粘接上的残片轻易不能打开重来，那样很可能对文物造成新的伤害。

当年为了修复铜车马，从四面八方调来了许多人，刘江卫的师傅方国伟来自陕西鼓风机厂。方师傅是个巧手人，车工、钳工样样行，活儿好做事认真。"不能凑合，出现了小瑕疵必须重做、纠正，否则一个小小的错位到后面会不断放大。" 跟着这样一位好师傅，刘江卫打下了扎实的基本功。"到现在，我的翻模技术都是最好的。" 刘江卫脸上浮现出一个混合着自豪与羞涩的小笑容，这是连续三天的采访中，他唯一一次自夸。

一号坑里的大海捞"片"

每一个第一次站在兵马俑一号坑面前的人都会被那千军万马的雄壮所震撼：这个来自秦朝的泱泱军团"势若弩弩，节如发机"，似乎只待一声令下，就将"若决积水于千仞之豁"，汹涌澎湃，触之者摧。我们很难想象，经历焚烧、坍塌、山洪冲刷，相互堆积叠压，它们出土时有多凌乱、残破。是文物保护工作者一兵一马地重组了这支令世界瞠目的大军。

1994年，刘江卫进入一号坑，开始带队对兵马俑的集中修复。此前，兵马俑的早期修复是由考古队进行的，1993年转交给保管部。那年他只有二十五岁，却成为世界上最著名文物的修复负责人，最多时手下有三十多人。

他接手的是一个世界级的大项目，也是一个工程量巨大、遗留问题众多的"硬骨头"。在修复区，一米宽，七八米长的塑料膜上堆着数以万计的陶片，长长的好几大溜儿。

站在这些陶俑残片面前，刘江卫心里没有一点底，甚至不知道该从哪里着手——这是自己第一次单独主持一号坑陶俑的修复保护工作，而眼前这些残片数量非常大，且有许多没有编号，要确定是哪一件陶俑的非常困难，就如大海捞针。他带着二十多号修复人员，一连几天没有一点收获，当时真有点想收手。可想到领导交任务的时候自己毫无犹豫的接受，这个时候无论如何不能退却。

在连续观察几天后，他突然发现：早期考古发掘时，由于提取的陶俑数量很大，又面临开馆时间紧迫的压力，陶俑的提取往往是多个个体同时进行，这就势必造成几个陶俑的残片混杂在一起，且有些残片没有编号。这个时候首先要解决的问题就是归类，而不是再继续毫无目的地去寻找。

想到这里，他立刻让所有人员停下手上的工作，着手进行残片的归类：根据陶俑的部位分类，把同一部位有编号的放在一起；着铠甲与不着铠甲的躯干分别置放……这一分就是半年。经过半年的艰苦努力，所有的残片按照陶俑不同部位、不同装饰分类完毕。

正式修复开始后，漫长而枯燥的准备工作很快得到了回报——后期工作的效率得到了很大提高。

修复时，每个俑都是从脚往上拼，往往先用扎带临时固定，等整个形状基本拼对出来再粘接。每个碎片则要参考探方、过洞等出土信息，逐一辨认身份，避免它们跟错了"主人"。这么多碎片在一起，有的资料不全，没有编号，无法确认；有的头在这个过洞，胳膊却跑到那个过洞了。站立的陶俑比跪射俑更难，因为他们重心高，出土时往往破碎得更为严重。有时缺那么一片，翻来覆去就是找不着，真是有踏破铁鞋无觅处之苦；得来全不费功夫的意外之喜也有。但缺失较多的，江卫坚持等，尽量不去补全，他说："咱干的是良心活。"

兵马俑的修复是名副其实的慢工出细活。事实上，从兵马俑被发现至今，四十三年过去了，14260平方米、拥有六千多件陶俑的一号坑，如今伫立着已修复的俑、马共计一千三百余件。它们是一代又一代修复师经年不辍的成果。

今天，如果你来到兵马俑博物馆参观，在一号坑展厅后部，坑底有一小片修复工作区，每个上午都可以看到修复人员在那里工作。

意大利培训班

秦俑修复师刘江卫系统的文物修复知识却是跟意大利人学的。

1996年，新组建的西安市文物保护中心（陕西省文物保护研究院前身）开办了一个中意合办班，教授当时国内院校尚没有的文物修复专业。经过考试，刘江卫爬出兵马俑坑坐进了洋课堂。

意大利人的课都是半天讲理论，半天动手实践。此前以为修复就是粘粘补补的刘江卫，修复理念在这里彻底更新换代了。他第一次知道信息收集不仅包括时代、材质、来源等历史信息和出土信息，还要包括修复前的保存状况、存放环境、残损程度、病害的情况……第一次知道碎片切面要刷隔离层，这样做不但在反复拼对时

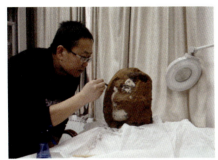

2010年，刘江卫用了近三个月修复这个俑头，其彩绘保存程度非常好

完成清理的俑头

不会对碎片造成新的磨损，还使修复具有了可逆性——万一需要打开时相对更容易。他对老师讲的如何看拍摄的文物X光片记忆犹新，"从X光片明暗可以判断这件文物是如何成型，由此清楚地发现所修复的茧形壶的制作分了四个部分；从石英形成的小黑点的走向还可以看出是手制还是轮制……真是太神奇了！"

为期两年的进修，学到不少大招儿，后来都成为刘江卫修复中的神兵利器。

秦人也有重甲也戴头盔

兵马俑坑出土的陶俑士兵没有一个人戴头盔，不少专家学者认为秦人尚武，在战场上光头赤膊，不戴头盔，以示英勇。

然而，1998年，在K9801陪葬坑出土的几十顶石质头盔，不仅填补了我国古代军事装备研究上的一个空白，也改变了学术界"秦代无胄(头盔)"的传统认识。

K9801，位于秦始皇帝陵园东南部的内外城之间，距离始皇陵现在的封土约200米之处，是一个面积为13000多平方米的陪葬坑，比声名远播的一号坑还大。

1998年7月至1999年1月，由兵马俑博物馆和陕西省考古研究所组成联合考古队在陪葬坑范围内，正式试发掘145平方米，出土了大量密集叠压的用扁铜丝联缀的石质铠甲和石胄——这个秦始皇帝陵园城垣以内发现的面积最大的陪葬坑很有可能是一座大型"军备库"。

引起轰动的，不仅是石胄。考古人员还发现了硕大的石质马甲。专家分析，这种类型的铠甲应该是战车车马的马甲，"这就是说秦军也有重甲，他们不只勇猛善攻，防护也很先进。"说起石铠甲，说话总是音量不大、慢慢悠悠的刘江卫一下子来了精神。

早期出土的秦俑受当时条件、技术等因素的制约，无法在第一时间、第一现场及时对文物采取必要的现场保护措施，因而留下遗憾。而石铠甲坑是秦始皇帝陵相关考古发掘中第一次有文物保护修复人员直接参与的。

刘江卫参与了现场保护、提取，以及后期文物的修复。"我在现场亲眼看到每个局部与周边的联系，这样特别有助于后期的修复。我们给每个甲片拍照、编号、画图……盔甲出土时整齐叠压的状况可以推测，原本它们可能是披挂在成行成队、整齐排列的木架上。"

出土的石质铠甲中有甲片精小、加工细致、应该是高级将领穿的鱼鳞甲，不但边缘打磨和表面抛光，还有很多穿孔，有圆，有方，有实用的联缀孔，也有起装饰作用的点缀孔。不过绝大部分"库存"是甲片厚大的札甲。

这些铠甲经过大火焚烧，损毁严重，有的分了许多层，有的表皮都脱落了，很难判定其在文物上原本的位置。由于此前又没有修复铠甲的经验，石头是什么质地的，扁铜丝是怎么加工的，甲片是如何钻孔的……动手修复之前，每个细节都是坎儿。修好石胄，江卫开始修石铠甲。上手修的第一领铠甲是没有披膊（即护肩）的，七八个人一起摸索，干了四个多月。石铠甲每件有二十多公斤重，

154

石胄

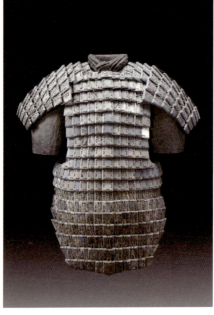

石铠甲

担心光靠铜丝串连，这些经历两千多年劫后余生的甲片会再次破损，江卫参考模特架，给铠甲设计了内胎，把铠甲"穿"在上面，分散重力。既美观又实用。

站在已被修复、复原甲胄的面前，不由得对秦人高超的石制工艺发出由衷的赞叹！虽然这些石甲胄只是随葬的冥器，不是实战用物，却是我们了解秦代甲胄的形制，探讨秦代石制工艺的一把钥匙。

有人测算过，手工加工一领约六百片的甲衣，以每人每天正常工作八小时计算，需要工时三四百天，也就是说，制作一件甲衣，需要一个人一年的时间。而陪葬坑内的铠甲和甲胄用到的甲片总数超过五百万片……

让百戏俑站起来

1999年，秦陵又有新惊喜——陵园东南角的百戏俑坑揭开了神秘面纱的一角。首次抢救性试掘，试掘面积仅七十二平方米，出土了目前在秦陵地区发现的体积、重量最大的一件青铜鼎以及十一件陶俑。这些陶俑姿态各异，风格、服饰、装束等都与兵马俑截然不同，多数上身赤裸、肌肉发达，有的像持竿人，有的像角力者。经过考证和研究，初步认为他们可能是象征着秦代宫廷娱乐活动的百戏俑。

再次加入联合考古队的刘江卫，也自然又承担起修复百戏俑的重担。

随着保护研究的不断深入，百戏俑的保护与修复较早期出土秦俑时已有许多不同，引进了不少新思路、新材料、新工艺。最重要的一点就是早期介入，变被动保护为主动保护。

众所周知，秦俑原本是有彩绘的——绘制在黑褐色的生漆层上，其颜料则以天然矿物颜料为主，包括朱砂、石青、骨白等。但大漆层出土时为饱水状态，对环境变化非常敏感，出土接触空气后，十五秒就会氧化，四分钟内就会发生脱水、卷曲、迅速剥落。

　　"环境变化、微生物、可溶盐，是使兵马俑褪色的三大敌人。" 秦始皇帝陵博物院研究员、文物保护部主任夏寅说。环境变化是导致兵马俑迅速褪色的主要原因，而随后的保护还面临微生物和可溶盐带来的破坏。在电子显微镜下，一簇簇白色的"花朵"在文物表面绽放。这是广泛存在于空气、土壤中的霉菌孢子，当温

百戏俑

度湿度等达到生长条件后，就会飞速生长。有些霉菌的生长会分泌色素和产生酸碱等有害物质，沉积在文物表面上，影响文物的外观并造成损害。

早在上世纪八十年代末，陕西省文物部门就开始向国外寻求技术支持，秦陵博物院与德国巴伐利亚州文物保护局的合作逐步开展。根据陶俑彩绘的损害机理研究，要想解决问题，第一要减弱或阻止因干燥引起的皱缩，第二加固剂应能渗至底层与陶体的表面之间，恢复大漆层和陶体之间的黏结力。中德科研人员数年里进行了无数次试验，于1996年终于找到了对彩绘漆层具有良好抗皱缩作用的PEG200，其与加固剂联用表现出了很好的协同效应。

1999年，在百戏俑坑的发掘中，联合考古队现场即采用了30%的抗皱剂和3%的加固剂对彩绘采取了临时性联合保护处理——面积大的喷，面积小的用毛笔点涂。没有一种配方是万能的，所以现场必须细心观察，根据情况确定喷涂的次数和方式。如今近二十年过去了，无论是肉眼观察仪器测试，都证明这个作法使彩绘得到了最大程度的保存。

如果说化学方法的彩绘保护是集全馆之力，汇中外科技的成果，后面的修复考验的就是江卫的手艺了。动手之前，江卫明确了三大原则：最小干预、有效干预、可逆性。在粘接之前，修复小组对粘接面涂刷了隔离层。早期秦俑粘接过程中普通采用石膏固定成型的方法，但这样做会对文物表面造成污染，且会将盐分带入文物，对其长期保存不利。百戏俑的修复舍弃了石膏固定法，而采用机械方式施压固定。江卫他们根据每个人俑的身材、动作量身订制了不同的支架。这个俑，双腿分开且弯曲，怎么才能让他站起来？那个俑胳膊腿都是实心的，分量不轻，可破损处的接口只有三四厘米，如何减小"伤肢"的下垂力，让"伤口"历久弥坚？原来当好一个修复师，不但要懂历史、会画画、有耐心，还得化学、物理样样过硬。

百戏俑的修复中，科学、规范的文物信息资料的获得与整理归档制度也建立起来。每个秦俑都有一份厚厚的个人档案，从出土时的图文资料，到病变图、每个残片的修复记录、清理前后的对比照片……

百戏俑传奇还在延续。

2002年对百戏俑坑进行了第二次试掘，又出土了三十多个陶俑，大部分不着上衣、不穿盔甲和战袍。2011年至2013年，对9901陪葬坑进行了整体考古发掘。如今，百戏俑坑已对游客开放，而在展厅一角的透明隔断内，江卫的同事马宇正带着一队人马继续着百戏俑的修复。

"复活"仙鹤

2000年，又一处"前所未见"的陪葬坑K0007被发现，这里出土的不是陶俑，而是青铜水禽——二十只雁、二十只天鹅、六只仙鹤，它们非常规律地分布在水池两边的台地上，有的水中觅食，有的伏卧小憩，有的曲颈汲水，栩栩如生，姿态各异。另外还出土了造型奇异的陶俑十五件。

　　K0007坑的位置在秦陵陪葬区地势最低的地方，坑北五十米就有一个水塘。这里的土壤常年含水量较高，对青铜水禽的保存十分不利。刘江卫负责修复的12号是一只仙鹤，已经破成了大大小小十八块，锈蚀严重，有的局部几乎完全矿化了。但它的翅膀等处还残留着少量的彩绘，可以看到逼真写实的羽毛纹理。

　　修复的第一步是清理。

　　别以为清理是粗活。第一次发掘出著名的绿面俑时，博物馆后来的总工周铁用了两个多月时间才将陶俑上面的土在不伤及彩绘的基础上剥离出来。当时的馆长开玩笑似的对他下了死命令："剥掉一点，剥你的皮。"

　　这仙鹤"伤情"严重——表面遍布层状、粉状青铜锈蚀和孔隙，但如果采用化学方法除锈，就不可避免地会导致带着腐蚀性的化学试剂渗入器物的深处，且无法彻底清除，会为形成新的腐蚀埋下祸根。刘江卫选择了机械清理的方法。

　　他先选取了三个不同的部位进行清理试验，根据不同情况不断调整工具和方式：保存情况较好的地方，用较软的毛刷清除表面的浮土，用手术刀和钢签子将土垢清理到一定厚度时，再用硬度较大的毛刷和棉签蘸取乙醇进行"精加工"。锈蚀严重的，不但要先用乙酸乙酯软化出土时所用的加固剂，后期甚至动用了牙科砂轮、超声波清洁仪。真是千般小心，万般耐心，因为如果操作不当，彩绘就会被土垢、锈蚀带下来。

　　根据局部试验得到的信息和经验，江卫对整体清理提出了新要求：要根据青铜锈蚀物的密度、孔隙度、硬度和颜色的细微差

青铜天鹅

青铜仙鹤

别，谨慎选择和使用不同的刮器进行去锈。不同的锈蚀层要做出楼梯状，尽可能找到一处原始表面由浅入深地进行除锈。有裂纹的地方，则需要格外小心。

整体清理完成后，下一步的重点是彩绘的保护。由于这只仙鹤的健康状况局部差异大，修复中需要采用不同浓度的加固剂和保护工艺。加固剂用量不足无法起到最佳的保护作用，用量过大则会在彩绘表面形成一层有光泽的薄膜。刘江卫对加固剂的涂刷次数、浓度进行了一系列的对比试验。加固时，都是从彩绘层边缘的下方施加加固剂，通过毛细作用让加固剂充分渗入彩绘层与锈蚀物之间。

粘接之前，不但根据出土位置、外观、残断处的形状和相互连接关系进行了细致的研判，而且对残破片的受力情况进行了分析。由于头与颈、颈与躯干、腿与躯干等处都需要粘接，而这些部位的状况都不乐观，江卫在仙鹤的头部和腿部加入了管状销子，头部的销子较为复杂，先在残断头部与颈部埋置固定管状销子的固定件，之后再将管状销子装配到固定件上同时施以黏结剂，以加强残件之间的连接强度。

前面说过，这只仙鹤身上有彩绘，也有被称为"青铜器癌症"的粉状锈。这东西不但难除，而且真想清除干净，彩绘就保不住了；但如果不清除掉的话，在潮湿的情况下会不断扩展、深入，直至器物穿孔，甚至完全溃烂。真是一个两难的选择。江卫的解决方案是：不对彩绘下面的粉状锈进行彻底根除，对12号仙鹤订制封护罩，内置硅胶，将罩内的相对湿度控制在安全数值之内。

经过粘接、补全、作旧，住进特制"私人单间"的这只两千多年前的仙鹤终于重新"复活"，身高一米半的它扭转着长长的脖颈，回首远望。它在望什么呢？

不分内外的传承

进门最早，又经历了那么多"第一个""第一次"，您应该算是馆里秦俑修复的"大师兄"了吧？我问。

"算吧。"刘江卫笑答。

"大师兄"这些年没少给大家"趟道儿"，从一号坑到石铠甲，从百戏俑到青铜水禽，常常是摸出门道、带出新人了，他就又被指派了新任务。其实他还惦记着那些"老朋友"。"有时间的话，我还是想继续石铠甲、青铜水禽的修复。那里面还有许多谜团没有解开呢。" 但他也说："每一次面对的考古发掘新出土的文物，对我来说都是一次挑战——你不知道这次你将要面临的困难是什么！现实生活中的我，虽然是一个按部就班的小人物，但是我喜欢工作中挑战，这样方能调动所有的能量，不至于浑浑噩噩下去。"

在永远人流熙攘的一号坑不远的地方，有一道铁门，这里是工作区与游览区的分界线。门那一面总是热闹的，门这一边总是安静的。两座内部连通的三四层办公楼，不但简朴平易，楼道里有点暗，没有电梯，虽不致老迈残破，却也显露出历久的年代感。秦始皇帝陵博物院上至院长、总工都在这楼里办公。

刘卫江修复小组的工作间在顶层的尽头，工作台上不是兵马

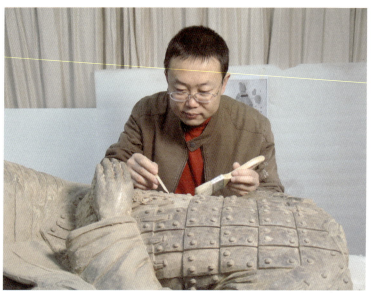

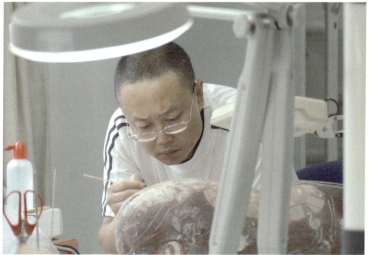

刘江卫在修复兵马俑

俑，不是石铠甲，而是一座座陶质的小房子，它们是来自河南焦作的汉代陶仓楼。

如今，"大师兄"的主要业务是对外援助——作为陶质彩绘文物保护国家文物局重点科研基地的专家、"名医"，帮全国各地进行陶质文物修复，以及相关技术指导、培训。

2008年，作为国家文物局首批重点科研基地，博物馆接到了第一个外援项目——山东青州博物馆馆藏的香山汉墓出土彩绘陶器的保护修复。刘江卫干起了"外活"。青州的修复人员来馆里学习，第一次见到给文物绘制病害图时都惊着了，起翘、空鼓、龟裂、脱落、变色……光图纸下部长长一溜儿三十多种文物病害的标识就看得眼花缭乱。西安、青州两地跑，江卫既是指导老师，又是修复技师，更是技术总监，历时三年，项目组共计修复了上千件汉代陶俑、陶马等珍贵文物。它们如今已经成为青州博物馆的镇馆之宝。而在项目中形成的修复方案编制规范、病害分类与图示、修复档案记录规范，后来都成为了国家文物局的行业标准。

破损的文物修复最后都要补全、作旧，老实的刘江卫则强调"天衣无缝"虽然是修复的最高境界，但主要适用于商业修复，对于博物馆而言并不合适，因为容易给观众错觉，以为博物馆收藏的都是完整品。其实残缺也有它的美，同时还带有其特有的历史信息。因此，博物馆经修复之后陈列的文物，外观上协调是必须的，但也要有所差别，做到"远看一致，近观有别"，避免造成"历史的赝品"。补全修复使用的材料更不能对文物带来损害，不能对以后的操作造成障碍……

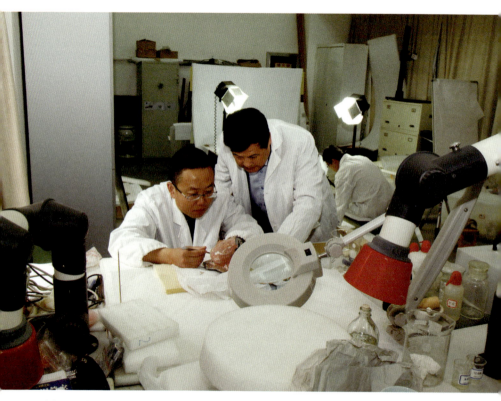

刘江卫工作照

此后，"大师兄"又主持了多次"输出型"文物修复项目，他的"文物病人"有咸阳的、华县的，也有榆林的、焦作的。

设立在秦始皇帝陵博物院的陶质彩绘文物保护国家文物局重点科研基地，以秦始皇帝陵博物院为中心辐射全国，举办了陶质彩绘文物修复保护培训班、标准推广班，培训全国各地同行近二百人，修复文物千余件；建立了"陶质彩绘文物保护青州工作站"等三个基层工作站，实地培训指导基层保护修复工作，带动了基层保护修复水平的提高，成为全国陶质彩绘文物保护的领军者。

2017年9月，"留住色彩——陶质彩绘文物保护成果展"在西安秦始皇帝陵博物院开幕，分为"我们的敌人""化零为整""我们的方法""我们的工具""我们的创新"五个方面，选取了从先秦至元代的陶质彩绘文物一百二十一件（组）及非文物类展品，介绍了陶质彩绘文物保护修复相关的原则、程序，基本的技术知识、保护工作的难点以及所取得的成果。展出的文物中不仅有彩绘俑，也有远道而来的彩绘陶仓楼。

兵马俑博物馆的许多保护成果都是一代又一代文保工作者不断积淀不断完善的结果，甚至是中外合作的结晶，这些技艺正在越来越多的修复师指尖下传承着，造福大江南北越来越多的文物。

赵婷2017年9月采写　秦始皇帝陵博物院提供图片

杜伟生：修书即修行

　　"我就是一个修书的，咱们现在讲叫古籍修复，修是指修补，复是指复原。"

　　杜伟生的声音朴实平静，自我介绍言简意赅。他的语调中甚至有种不大容易接近的硬冷，只是在弯腰聚神、埋头修补时，这个花白发丝直挺挺立着的男人才流露出隐隐的温柔。

六十四岁的杜伟生是国家图书馆的古籍修复专家，退休前，他是研究馆员。这个行业里，杜伟生是为数不多的国家级非物质文化遗产代表性传承人，他们被誉为比大熊猫还珍贵的国宝。四十多年的工作生涯中，杜伟生阅卷无数，修复过历经浩劫的敦煌遗书，也修复过命途辗转的《永乐大典》、西夏文献。

他说，修书就是修功德，自己当个修补手，把前人的经典传下去，这是积德的事。干这行的人虽然不多，可只要有纸在，就得有修复的人，哪怕只剩一个，"干这行，路很窄，但却会很长"。

一张没有被剪裁过的脸

魏公村大街，日头初上，车水马龙。

转身拐进一溜绿茵茵的小道，瞬时遁隐般清静下来。顺道走，一拐弯，就是国家图书馆南区的善本特藏部了，还没进大门，便扑来一阵书香。

就是这儿了。

本以为会准点见到杜伟生，却未料自己七拐八绕，走丢了。问保安，对方重复了一遍他的名字，一脸茫然。

无奈给杜老师发了个求助短信。"你到南区大门口旗杆下等我。"他回。

找到旗杆时，远远望见，旗杆下孤零零一张凝重的脸。

"杜老师，对不起……"

"没事儿。"话没说完，他将道歉拦下，一脸严肃，声音不高。

讪讪跟在身后。

又是七拐八绕，到了善本修复部。这里是一间极大的办公室，宽敞明亮，足足容纳了二三十张工作台，糨糊、毛刷、喷壶摆得整整齐齐，显微镜、裁纸机、纸张测厚仪也一应俱全，每个人面前都有一台超倍数放大镜，台灯架似的，支在桌上。

杜伟生小心翼翼收起桌上一卷纸本，转头问："你喝什么茶？"我一愣。

"尝尝我这普洱吧。"于是，他从柜子里拿出茶叶，冲制起来，"不能老泡，否则茶就老了。"他细心把茶滗出，推了一杯茶汁到我跟前，茶香扑鼻。看看他的脸，仍是一派严肃。

"杜老师，"我实在忍不住了，决定一吐为快，"感觉您是个不苟言笑的人，是职业带给您的影响吗？"

"不是，"杜伟生挠挠头，"咱俩还不熟，你不了解我。上次见着一个五岁大的小姑娘，我笑着跟她打了一个招呼，结果，她哭了。"半天不笑，一张口就一包袱。我俩都乐了。

"其实我性格比较硬，脾气比较急。"笑罢，他落了声音，

"这其实和我的工作是有反差的，可也奇怪，只要一干活儿，情绪立马就平复了。"

停半晌，他想了想说："就像是一种修行，进到了一种禅定的状态……你钻进去了，一切情绪自然就都抛开了。"

眼前的杜伟生，圆面宽鼻，弯眉高耸，一喜一怒，比电视里更加真实。

话匣子打开，他徐徐讲起自己的人生。让人意想不到的是，这个外表冷峻的男人，在讲述中间，眼圈数度变红，声音哽咽。这是一个古籍修复师的成长故事，也是一个至情至性的人的故事。

纸棺与"文革"

干了五年体力活儿的退伍军人杜伟生，第一次进国图，有些兴奋。

那时，国图还叫北图——北京图书馆，地点在文津街，隔壁就是北海公园。"院里古香古色的，非常幽静，下雪时，门口两棵小松树被雪一盖，跟一座拱门似的。"

朋友都说，这下小杜弃武从文了。

杜伟生可没想这么多，他觉得"能在屋里干活，风吹不着，雨打不着，就知足了"。

1952年，杜伟生出生于北京，童年的记忆大多与贫穷有关。十七岁上，受了小说《欧阳海之歌》的影响，参军入伍。当了五年兵的他，退伍后，被安置在国家图书馆，这让他想起小时候跑书店看蹭书的日子。

1974年，当时还叫图书修整组的古籍修缮组，已经不兴拜师了。古籍修复专家兼组长肖振邦指着自己的兄弟肖振棠，和其他几位老师傅，告诉杜伟生：好好学，他们都是你师父。

对于这个"公共徒弟"，师父们并不客气。杜伟生是左撇子，干活儿惯用左手，学书籍装订时，只要稍微没留神用了下左手，师父"啪"地就一钢尺，"你怎么不长记性，两手都是糨子怎么干活？"

老师傅们大都是旧日琉璃厂书铺的店员，1956年，为修国宝《赵城金藏》被请进了国图，虽然学历不高，可对古籍修复、版本鉴定，都有真本事，深藏不露。

两年的摸爬滚打，杜伟生从一个门外汉，渐渐上手，终于迎来自己参与的第一个"大活儿"——1976年，新疆出土一口"纸棺"。糊在棺材框上的纸张是唐代驿站的账本，上面有历史文献，杜伟生和几位同行的任务，就是把这些文献从框上揭下、拼对，重新托裱成卷。

"尸臭……"提到这口纸棺，杜伟生本能地吐出俩字。

原来，由于尸体腐败，所有的气味分子和水分子都被纸吸收，导致气味相当难闻，"泡出来的水都是红的"，这让杜伟生他们"忍不住时不得不从屋里跑出来缓一缓"。

从那时起，杜伟生才意识到，原来，古书修复并没有想象中的那么干净，"有时，也需要和死人打交道"。

然而这世上最可怕的并非死人。

　　1974年10月，杜伟生被馆里送到北京大学古籍整理进修班学习。在那儿，他遇见了一位声震业界的老先生，这就是北大教授、国内版本目录学权威王重民。"他讲课极有意思，生动细致，融会贯通"，大家都很爱上他的课。然而，还未毕业，杜伟生就听到了王先生的死讯。

　　起因是，江青在一个"儒法斗争史报告会"上兴奋地宣布"发现了一部李贽的新书"。当时正搞"评法批儒"，李贽是被广为赞扬的"法家"人物，他的著作自然可以成为"批林批孔"的炮弹。可当他们请王重民出具鉴定报告时，老先生却发现这是一部伪作。上面急了，再三利诱，暗示他这是"政治任务"，但老先生始终不肯违背良心。最终，无休无止的批斗，斩断他最后一丝希望，1975年4月，王重民老先生在颐和园里自尽，享年七十二岁……

　　"文人，你肉体上怎么折磨他都行，可在人格上你不能侮辱他……"说到这儿，性情刚硬的杜伟生哽咽了，灯光下，他的眼中闪了一下，那一刻，你能看见他强忍的泪水。

"我要上文物局告你"

　　1987年，古籍修缮组从文津街老馆搬到魏公村新馆。这一年，在杜伟生身上发生了两件事：

　　一是，他凭借出众的专业能力和管理能力，成为了修缮组组长；二是，他阻止了敦煌遗书的第一次修复。

　　后面这件事，还得从造纸史专家潘吉星的一次到访说起。

有一天，就职于中国科学院的研究员潘吉星来馆里查资料。细心的杜伟生发现，作为造纸史专家，他的关注点跟其他学者并不相同。

"别人是看文字、研究史料，而他研究的是纸张的规格、厚度和纤维构成。"

杜伟生忽然意识到，古籍保护，不应该只囿于文字方面，纸张上的文物信息也应得到尊重。

自此，他开始跳出之前的路子，反思师父们传授下来的修复理念。

实际上，从书铺时代过来的老师傅们，修复讲究的是"天衣无缝"，因为修书的目的是销售，好看就行，而这，不免与文物保护的原则相冲突。

比如《赵城金藏》，修补得尽善尽美，可无意中也覆盖了一些历史痕迹。

杜伟生想了又想，决定把自己的思考写进文章《〈赵城金藏〉修复工作的得与失》里："《赵城金藏》经过蒸揭，全部托裱。经过托裱的经卷，卷子上下两边全被裁切整齐。这样，经卷原来的纸张宽度就受到了损失，对后人从造纸学方面来研究经卷用纸非常不利。当时只要在托经卷时在经卷上下粘上一个纸边，就可以使信息量少损失一些。"

1987年，在修复完《赵城金藏》近二十年后，国家图书馆计划启动敦煌遗书的修复工作。当老师傅们打算还是按照老一套规矩进行修整时，杜伟生坚持投了反对票——时机不成熟，宁可不动。最终，馆里支持了他的意见。

三年后，当他历尽辗转，受邀到英国国家图书馆帮忙整理敦煌遗书时，竟发现自己的想法与国外修复理念不谋而合。

"他们并不像我们那样，大刀阔斧地对古书进行修葺，而是尽量保持古籍的原貌，同时也会尽可能保留前人的修复痕迹。"

原来，道不孤。

杜伟生说起一件为修复发火儿的事。

曾经，北京某寺庙管理处送来一批佛经请国图修复，其中有一件非常珍贵：宣德十年，一位和尚蘸血写就的《金刚经》。难得的是，经卷上还留有当年经版的痕迹——一个个凸起的字形，好让写经人照形填写。

"东西一点儿都没破，就是因为比较薄，他们想在后面上层托纸。"

杜伟生指着那些凸起的字棱，告诉来人，这件经卷绝不能托，一旦托裱，纸页上经版的痕迹就没有了。

那人听后，悻悻走了。

转天，杜伟生接到就职于第一历史档案馆的师弟的电话，才知那人是处长，又跑到师弟这里来托裱了。

"胡闹！"杜伟生气得一个电话追过去，把那位处长骂了一顿："你这是在破坏文物！我要上文物局告你。"

"文物修复，恐怕最重要的培训对象，不是基层修复者，而是这些有权力的管理者。修复人员修坏了，影响的只是一件作品；而管理人员一个错误的决定，可能导致一批文物受损。"

至今，杜伟生谈起此事，仍旧意难平。

尼姑行礼：您是在做功德

青灯黄卷，皓首穷经。

如果说这是许多人对于古籍修复师的想象，那么，性格倔强、急脾气的杜伟生常常会游走在修复者与管理者两种角色之间。

坐在桌案前，他能迅速进入气定神闲、专注无他的境界；而作为管理人员，却又要面对很多让人无奈的局面。

他记得，当上古籍修缮组的组长那年，办公室里，大多是和和气气的同事，可也有几个不服管的"刺儿头"。

一次准备展览时，杜伟生看见一位裱画的同事干活儿没规矩，能托两张画芯的纸，他只托一张，便提醒他："你这么不成，废料。"结果，那人回一句："那你来！"

当时，不服输的杜伟生就憋下了劲儿："我要干就比你强。"

机缘巧合的是，几个月后，国图建馆七十五周年，为搞展览，馆里从荣宝斋请来著名裱画师刘绍林。跟着老先生，杜伟生踏踏实实学了七个月。由于古籍修复与裱画很多原理相通，没过多久，无论做立轴、册页、拓片、手卷，他最终都样样精通。

后来，又是那人消极怠工，一个托命纸的急活儿，十三张画芯说要七天干完，杜伟生听后二话没说，当即在他面前就托好两张。

"那之后再也没人敢跟我较劲了。"他摇头苦笑。

不过，这个看似冷峻的男人没讲的是，同样是他当组长时，曾经顶撞过上司，为的是给一位即将下岗的同事保住饭碗，当时，那个同事的丈夫刚刚去世⋯⋯

大家说，甭看外表冷，骨子里，老杜挺侠骨柔情的。

对于人，杜伟生是外冷内热，对于带着极深感情的古籍，亦是如此。

对于自己的这份手艺，他从来不想把它神秘化，他说，手工技艺的东西，没有绝活儿，只有窍门，"修复工序看似繁琐，其实就那么几道，人人可学。重要的是有心"。

多年来，杜伟生始终很崇尚中国古人阅经前焚香净手的仪轨，带着心做事，让自己进入一种禅定的状态，"修书的过程，也是熏陶修行的过程"。

虽然《金刚经》上讲，是法平等，无有高下，可在杜伟生眼里，敦煌遗书是个特别的存在，这源于一次意外的"开悟"。

1991年，国图的敦煌遗书修复工作重新启动，一张张经卷，在杜伟生所倡导的"最小干预修复原则"下被合理修复。"纸厚的不再被人为揭薄；哪儿破补哪儿，坚决不整卷托裱；当年没有被上墙绷平的卷子，修复的时候也只是简单压平。无论是修复材料还是修复技法，都尽可能忠实于遗书原貌，做到真正整旧如旧。"

隔年，他代表国图来到敦煌，参加在这里举办的敦煌遗书讨论会。会上，从台湾佛光山千里迢迢来了七位尼姑，一进门，就给杜伟生行礼。

杜伟生一惊，赶忙站起来回礼："当不起，当不起，我不过是个修书的。"

"您不是在修书，"她们中的一位说，"您是在做功德，修佛经是最大的功德。"

那一刻，杜伟生说，有种醍醐灌顶之感。此前，他只是把修书当做一份工作，跟干别的一样，直至尼姑这句提点，才让他一刹那明白了修经的价值。"修书，修佛经，就是在修功德，能把前人的经典传给后世，这不就是最大的功德吗？"

"盖文章，经国之大业，不朽之盛事。"曾经，曹丕对文学做过这样的比喻。那么，使其传于后世的修书人们，应该就是这盛事的薪传者吧。

有创新，也有底线

2002年盛夏，修复《永乐大典》，杜伟生记忆颇深。

由于明代原装的古籍本不多，皇家的更是罕见，修复组当即决定：为保证《永乐大典》装帧的完整性，修复时不做拆开处理。这意味着修复《永乐大典》时，不能像对待其他古籍一样将书脊拆开，单张修补。

那么，问题来了，《永乐大典》的装帧，恰恰是传统古籍的"包背装"，印好的书页白面朝里，图文朝外对折，配页后将书页蹾齐、压平。但既然要求不能拆装帧，到底要怎么修呢？

"被逼无奈"下，杜伟生只好使用了一种"掏补"的方法，即把工具伸进折页中，一点一点"掏"着修补。"修复的时候需非常仔细，进度也较慢。补完一页之后要压平，待干透之后才能修补

杜伟生修《永乐大典》

第二张。"

而这种"掏补"的新方法,在2002年修复《永乐大典》前,从来没使过,正是杜伟生的新发明。

事实上,相对于传统修复者,杜伟生确实是个"不太安分"的修书人。

大到对于传统修复理念的挑战,小到对于古籍修复工具的迭代,这个不肯墨守成规的人一直在思考。

1990年,他在英国国家图书馆时,见过一台"纸浆补书机",觉得机器不错,修复率高,不用糨糊,没有接口,唯一的缺点是价格太高。于是,回国后跟馆里报备了一下,就拉着同事琢磨起来了,馆里给的经费,加上他自己的工资,全都搭了进去。

"三伏天,我跟同事张平,买了各种薄厚不同的塑料板,就蹲这后面焊,焊出来一个连模型都算不上的东西,再拿到外面让人给做成机器。那时候很惨,因为经费紧张,到处磕头求人帮忙。"

最终,在第三个年头,一台针对中国宣纸特点的"纸浆补书机"成功出炉。1998年,这台机器通过了文化部科技司组织的专家鉴定会的鉴定,荣获了文化部科学进步奖。

不过,对外来技术充满好奇的杜伟生,也有自己的底线,"新技术绝对不能对纸张造成伤害,且不能违反可逆性原则"。

曾经,有一个美国厂商找到他说,他们发明了一种仪器,喷射高分子化合物,提升纸张的拉力,维持一万年!"胡说了,张口就来,这根本没法用实验数据证明。"

杜伟生说,干古籍修复工作,和别的行当不一样,所有的功过

杜伟生工作照

国图内部培训上，杜伟生讲解书籍装订

是非，都要留给后人评说。面对一个大师遍地走的年代，他认为：
"只有五十年、一百年，乃至更久远后，有人说你是，那才是真
的。这行干的是良心活儿。"

今年是杜伟生在国家图书馆度过的第四十二个年头。四十二
年，寒来暑往，秋收冬藏。采访结束时，我问他计划什么时候退

休。此时，这位不苟言笑的修复师眼中，流露出罕见的柔光，他摩挲着自己手打的锥子，半晌说："也快干不动了，不服老不行啊。"

不过，他又一次笑了：连徒弟带学员，自己总共有四十多个学生，希望他们好好在修复古籍的道路上走下去。"只要有纸在，这一行就有存在的必要，所以我们这一行，路虽然窄，但是比任何行业都长。"

杨思思2016年8月采写　杜伟生提供图片

朱振彬：沉默的「书医」

埋首于微弱、泛黄的故纸堆中，在灯下如外科医生般细致地对古书进行着揭、拆、压、包、订……静水流深、皓首讷言，大概是许多人对古籍修复师的想象吧。

供职于国家图书馆，"从医"三十六年，修复过敦煌遗书、西夏文献、《永乐大典》、天禄琳琅等等众多珍宝级古籍的朱振彬，沉静，却不是想象中的白头老先生。

"国手"最后的学生

古籍修复这门手艺，一直依靠师徒相承而延续，朱振彬很幸运，他是"国手"张士达最后的弟子。

1980年冬，刚刚高中毕业的朱振彬因为国家图书馆的一项政策：馆员子弟可优先来馆就业，来到了国家图书馆，随即被分配了一项学习任务——跟随古籍修复大家、当时已八十高龄的张士达学习古籍修复。那是一段"谈笑皆鸿儒，往来无白丁"的奢侈时光。

朱振彬与老师张士达先生合影（1983年）

朱振彬和两位师兄弟跟着师傅，被安顿在珠市口附近的香厂路国务院第六招待所。一个大开间儿，中间摆一道屏风，外面几张桌子就是学习的"教室"，里面并排摆着四张单人床，就是师徒几人的住处。之所以选在这个条件并不算好的地方，是因为这里也是《中国古籍善本书目》的编辑部所在地。编纂《中国古籍善本书目》是周恩来总理的遗愿，因着这部书，当时国内著名的版本学家齐聚一堂，冀淑英、李致忠、丁瑜、魏隐儒等师傅的老友，常常过来串门谈古论今。朱振彬也就有幸听得许多趣闻。比如，鲁迅、郑振铎等那些对朱振彬来说只存在于书本里的人物，原来都是常常请师傅修书，甚或向师傅讨教修书秘籍的老客户、老朋友。因为年纪太小，朱振彬并未留心记下太多师傅谈古论今的细节，可有一件事，让他意识到了这次学习机会的珍贵。

师傅常会在闲谈中提到一位老友、藏书大家周叔弢。弢翁是极少数既懂藏书，又了解重视古籍修复和保护的先生。正是他，在1959年时以人大代表的身份，与著名版本目录学家、古文献研究专家徐森玉联名建议国家设立古籍装帧技术培训班。1962年，培训班分别在当时的中国书店和北京图书馆设立，师傅张士达就是北京图书馆培训班的老师之一。此后近二十年，国家再无培训古籍修复人才之举，到1980年时，这一行已然出现青黄不接，师傅只好再次出山，朱振彬也才得以成为他最后的弟子。

朱振彬的学习两年为期。"补天之手、贯虱之睛、灵慧虚和、心细如发"，这是明代周嘉胄《装潢志》所说的古籍修复师需要具备的本领，也是师傅张士达对朱振彬的要求。

最先学的是识别纸张。所谓修旧如旧，古籍用的什么纸，修复的时候也要尽量使用什么纸。"常用的修复用纸就有十几种，师傅拿来很多让我们一个一个认，一开始脑子全乱了。"朱振彬这辈子见过的最昂贵的纸，当属国图珍藏的，代表了中国古代造纸技术最高水平的太史连纸和开化纸。因其稀少和珍贵，它们甚至被人们称为"一金一玉"。太史连纸为竹纸与皮纸的混合纸，色泽微黄，细腻雅致。开化纸洁白光滑，温润如玉，受墨乌亮，为皮纸的混合纸。清内府许多刻本中，就使用了太史连纸和开化纸。

即便识得纸张，若想为每一册古籍配到合适的纸张也不容易。张士达修书特别讲究配纸——颜色、薄厚，甚至纸张纤维的纹理走向都要尽量与古籍一致。古籍善本用纸，都是传统手工造纸术的产品。造纸师傅们每次抄纸的时候手劲儿不同，纸张的薄厚就会不同，这造成即便是同一册古籍，每一叶纸都会不一样。再加上存放时间历经几百年，纸张渐渐氧化，同一册书，通常中间的纸张颜色浅，前后两端容易接触外界的纸张颜色较深。深浅之间的微妙渐变，亦需要仔细观察、搭配才能在修补残破之处时补得天衣无缝。有时候，光是配纸就得耗费好几天的时间。细心，成为朱振彬从师傅那里学到的第一个要诀。

十八岁小伙子跟着八十岁老爷爷学修书，可想而知"最难的就是坐不住"。朱振彬要学的第二个要诀是耐心。开始学艺的时候，师傅让大家每人修一册书，出于安全也出于由浅入深的考虑，让徒弟们修补的并无善本，只是些清代晚期和民国初年的线装本。以至于朱振彬现在已经完全忆不起来上手修补的第一册古籍是什么。记忆中无比清晰的是，古籍最初留给他的印象，绝不是华美精致和文化气韵，相反，虫蛀的小眼儿一叶纸上就几百个，看起来就跟筛子眼儿似的麻约约。"北方蠹虫直上直下钻，一册书只要第一叶有虫眼，后面也就都有，且所有的虫眼都在同一个位置。南方蠹虫喜欢'打隧道'，在书里面横着钻、斜着钻，虫眼在每一叶的分布也就不太有规律。"朱振彬总结。每个虫眼直径也就一两毫米，每一个都要修补。实在修得闹心了，就只能放一放，出去走一走散散心，回来接着修。也记不清用了多少天，朱振彬终于修完第一册书。看着原来糟朽不堪，甚至可以说破破烂烂的书，在自己手中恢复光彩，变得干净、平整、页面完好，成就感油然而生，继续坐下来修书变得没那么难了。"后来等入进去了，就像打坐一样，让我走也不走。"

把"砖头"蒸软

1983年春，朱振彬出师回到国图善本组报到，正式成为一名古籍修复师，开始接触真正的善本。

那时候，朱振彬的工作间就在北海公园隔壁的国家图书馆旧址。优美的外部环境，与朱振彬桌案上的一番景象形成了鲜明对比。工作没多久接手修复的一批彝文书，由于曾经的保存条件不好，书上沾了不少动物的排泄物，时值盛夏，刚一打开书卷，骚臭味儿就扑面而来。明代《阙里志》纸张已经絮化，一打开书卷就往外飞毛毛，恰逢天气炎热没戴口罩，朱振彬和几位同事全都中招，

天禄琳琅专藏之明版《丹渊集》修复前　　天禄琳琅专藏之明版《丹渊集》修复后

不停打喷嚏，还长了一脸红疙瘩。

虫蛀、鼠啮、火烬、脆化、酸化、粘连、絮化……古籍所患的疑难杂症，每一种都不好对付。修复一叶纸常常需要一两天，遇到疑难杂症多的书叶，一叶甚至需要十天半个月才可以完成。

就拿出现频率较高的病症"粘连"来说，对付的办法就是——揭。也就是把经年累月受到水渍粘连在一起的书叶与书叶分开。古籍粘连程度不同，可以采用干揭、湿揭、蒸揭等不同的手法。在国家图书馆举办的一次古籍修复展上，曾经展出过这样一些古籍——曾被水浸泡严重，又经过漫长的岁月，书叶已经粘连、硬结成砖头一般。遇到这种情况，就只能像蒸馒头一样用蒸锅蒸古籍，让纸张间的粘连部分慢慢化开。

师傅那一辈还用竹屉蒸，到了朱振彬这一辈已经改成不锈钢锅。蒸揭技术的核心，就是火候的把握。把古籍外面包上旧纸、裹

天禄琳琅专藏之明版《丹渊集》修复前

天禄琳琅专藏之明版《丹渊集》修复后

上毛巾，而火候的掌握全靠经验，蒸得时间长了，蒸汽冲击书叶会对古籍的纤维造成破坏；蒸得短了，又起不到作用。宋朝大文豪苏轼的表哥文同，曾著有《丹渊集》。国图所藏明版《丹渊集》就是板结较严重的古籍，需要蒸揭。每一册大约需要上锅蒸三至五分钟。时间一到就得赶紧取出来，剥开包裹的毛巾和旧纸，用起子两毫米、两毫米地将纸张与纸张分开。力道重了纸张会被磨破，下手慢了又会错过热乎气儿，让分离难度加大。快与慢，轻与重，就都在毫厘之间，都在朱振彬的手里。

大战"酥皮点心"

而所有病症的治疗中，絮化、脆化也是难症。但凡得了这两种病，古籍的书叶就像"酥皮点心"一样，摸不得碰不得。

1989年，新中国成立后的第二次大型古籍修复工程——敦煌遗书修复正式启动。1991年，修复工作真正开始。那时候，国家图书馆的老一辈修复专家均已退休，朱振彬和四五个年轻同事就成为修复主力，大战"酥皮点心"。

敦煌遗书是对1900年发现于敦煌莫高窟17号洞窟中一批书籍的总称，包含了公元2世纪至14世纪的古写本及印本，总数约五万卷。它如今散落在世界各地，其中收藏在国家图书馆内的万余卷是镇馆四大宝之一。由于藏量巨大、年代久远，敦煌遗书的修复只能以抢救为主，重点修复那些"病入膏肓"的书卷。书卷因纸张不同，破损也呈不同状态。这其中，纸张采用竹纸的古籍，常常会脆化为很多细小的碎片，有的寸许，有的也就大米粒儿一般。这时候的朱振彬俨然是拼图能手，把古籍拆开，小心翼翼揭开每一叶，兜住它的碎片，再耐着性子，付出几倍于普通修复的时间，把这些碎片拼正确。

拼好之后，要用毛笔和特制的糨糊进行"微相入"。朱振彬所使用的"微相入"方法，早在北魏贾思勰所著的《齐民要术》中就有记载。"书有毁裂，郦方纸而补者，率皆拳挛，瘢疮硬厚。瘢疮于书有损。裂薄纸如薤叶，以补织，微相入，殆无际会，自非向明，举之，略不觉补。"也就是说，书有了损坏，出现了裂口、裂缝，把纸简单地剪成方块去补书，书叶一般都会出现蜷缩现象。补过的地方形成瘢疮状，又厚又硬。这样的补丁对于书是有损害的。撕些像韭菜叶一样薄的纸用来补书，只使书叶破口边缘和补纸边缘微搭上一点，近似于没有什么搭界一样，如果不是向着光亮把书拿

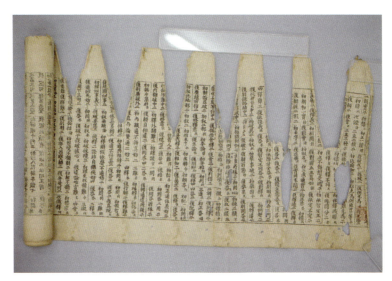

敦煌遗书专藏之《成唯识论了义灯钞科文》修复前

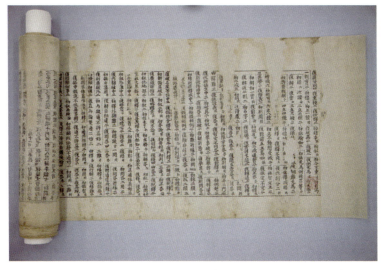

敦煌遗书专藏之《成唯识论了义灯钞科文》修复后

敦煌遗书专藏之《成唯识论了义灯钞科文》修复前

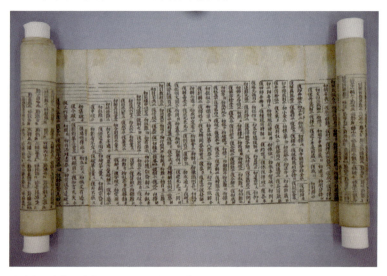

敦煌遗书专藏之《成唯识论了义灯钞科文》修复后

起来看，大致是看不出补过的。

每每到这一步，朱振彬的工作间里都安静得仿佛时间静止。他浑身肌肉高度紧张，拿起充当"手术刀"的普通毛笔，蘸上比米汤还稀的糨子，待笔尖不滴糨子时，才轻轻点在碎纸片的边缘，牵引着碎片和书叶之间的毛茬轻轻搭上。这时候，下笔稍微重一点，碎片就粘在毛笔尖上不肯下来，再一提笔，干脆就彻底从古籍上揭走，损伤书籍。下笔轻了，碎片和书叶之间搭不上，一拎起来碎片掉了，又得重拼。

还有些古籍采用的是皮纸，皮纸的纤维略长于竹纸，老化时形成的"酥皮"并不会断裂成一个个碎片，而是纸张的纤维异常稀疏，絮化得就像豆包布，叶面上的字迹也都走样变形。给这样的书叶做"微相入"时，每一次操作的空间还不足一毫米。"致力于毫芒微渺间，真有临渊履冰之危，稍有不慎就将对书籍造成不可挽回的损失。"朱振彬说，此时成败的关键就是经验。

"古籍重装如病延医，医善则随手而起，医不善则随剂而毙。"朱振彬心里一直有个底线，凡是自己没有十足把握时绝不下手修复。为保万全，他变得越来越要求完美，越来越注重细节，这渐渐改变了他的性格，让他越来越沉浸在自己与书的世界中，更加沉默。

相隔四百年的"对话"

朱振彬现在的工作间与国图镇馆四宝之一的文津阁《四库全

书》仅一扇玻璃门之隔，被年轻人戏称为"史上最昂贵办公室"。朱振彬一直认为，每一部能躺在国家图书馆书库中的善本古籍，其经历都是不平凡的。能为之修补，就仿佛在和历史对话，若能在修复过程中发现前人修书留下的信息，就是有幸与前辈对话了。2009年，他得到了一次这样的机会。

当时，借国务院公布第二批《国家珍贵古籍名录》之际，国家古籍保护中心从第二批名录中遴选了三百余件古籍，举办了"国家珍贵古籍特展"。那次展览结束后，参展的《入注附音司马温公资治通鉴纲目》的收藏单位——上海辞书出版社，就请国家图书馆来帮忙修复此书。从头至尾翻看此书，朱振彬在卷末发现了两处跋

《入注附音司马温公资治通鉴纲目》书尾两则跋文，分别为明代藏书家袁褧和清代藏书家陆沈所写

文，分别为明代藏书家袁褧和清代藏书家陆沅所写。

袁褧跋文曰："隆庆元年六月立秋日汝郡袁氏清凉堂重整。"即明隆庆元年，也就是1567年，袁褧对此书进行过修复。陆沅跋文曰："大清道光四年甲申十月吴门陆沅得于百宋一廛黄荛夫处，重装一次，即志。" 这说的是二百五十七年后，也就是1824年，陆沅又从著名藏书家黄丕烈那里得到此书，又重新进行了修复。相隔四百四十二年，朱振彬成了历史上第三位修复此书的人。

"修复古籍时常常可以看到前人修复的痕迹。但这些修复是什么时候进行的却很少有记载。"朱振彬说，这两篇跋文提供了两次修复的具体年代，让他得以了解明代中期以及清代中后期，前辈们对古籍进行修复时采取的具体方法。带着难以抑制的兴奋，朱振彬将《入注附音司马温公资治通鉴纲目》拆开来，从头至尾，一叶一叶仔仔细细检验一番，结果却令他有些惊讶。

他发现古籍中栏线破损的部分，前辈都在补好书叶后再把残缺栏线划齐。被划栏补齐的书叶总共有数十叶之多。而对栏线以外的破损，如天头、地脚的位置，直接用了裁掉再补的方法。前人修复此书时，还对每一叶都进行了衬纸，在衬纸的过程中，把每一叶的书口部分与衬纸粘连在一起。朱振彬认为，前辈的这些方法并不可取。采用"划栏补字"的方法后，古籍虽然达到了美观和完整的效果，但过多的干预将使古籍本身失去文物价值。裁掉天头、地脚更是破坏了原书的本来面貌。而采用"连补带衬"的方法，将给本来破损的古籍带来再次破损的危险。

　　早在1949年新中国刚刚成立之时，朱振彬的师傅张士达那一代修复师就在修复国图镇馆四宝之一《赵城金藏》时确定了一个修复原则"整旧如旧"。"先生常说，看一部书修得好坏，不能看是否修复一新，要看是否古风犹在。"朱振彬回忆，这是师傅坚守一生并传递给后辈的理念。一部破烂不堪的古籍，书脊的上下两角也往往由直角磨成圆角了。有些修复师会在补破的同时随手把两个圆角也补了，使圆角变回直角。而张士达不会这样做，他总是把圆角还保留住，即使有的圆角出现了破损，也是把这部分破损补好维持原样。后来，待到朱振彬这一代修复师修复敦煌遗书时，冀淑英等古籍版本大家们又多次讨论，为古籍修复增加了"最少干预""可逆性""抢救为主、治病为辅"的原则，最大限度保留古籍原貌，也为日后修复手段进步，可以重新修复这些古籍留下可能性。显然，《入注附音司马温公资治通鉴纲目》在过去四百多年的两次修复中，是以修得美观为主，并未忠实于古籍的古味儿。

　　当代古籍版本专家的鼓舞给了朱振彬信心，也让他更笃信现在坚持的原则。不过，即便古人的修复并不高明，那也是历史的一部分，朱振彬并没有将它们抹去。"这是历史的痕迹，它们也反映出今天的修复理念恰恰是在无数先人的经验教训基础上形成的。"

技术传承易原料再觅难

　　现在，朱振彬像自己的师傅一样，开始带徒授业。

　　2006年，国家图书馆举办"文明的守望——国家图书馆古籍珍品选大型展览"时，朱振彬和同事们曾经统计过，当时全国的古籍修复人才不足一百人。古籍修复师，是一群比大熊猫还要稀少珍贵的人。也是从那时开始，我国启动了古籍修复人才的培养。国家古籍保护中心开办古籍修复培训班，培训业内人士，技艺高超的修复师们采取一对一的形式，带徒授业；中山大学和复旦大学还开设了古籍修复的硕士研究生教育……在国图善本组，修复师史无前例达到了十九人。

眼看着技术的传承步入正轨，朱振彬心里却在担心另一件事——古籍修复所必需的传统原材料越来越少。

就拿朱振彬2014年起正式开始修复的清代皇家内府天禄琳琅藏书来说。这是清代宫廷所藏宋、元、明、清珍籍的精华，是中国古籍的奇珍。这批古籍异常精美，函套以纯真丝装饰，每一册书卷上都钤有"乾隆御览之宝""五福五代堂宝""八徵耄念之宝""太上皇帝之宝"等大印。而且古籍中的一部分纸张采用了中国古代造纸术巅峰之作——开化纸和太史连纸。可如今，这两种纸的造纸术已失传近百年。国图也是靠百余年积累才留下少许。在朱振彬的桌案上摆着很多个材料袋，每一个材料袋里都是些零零散散各种颜色的小纸条、小纸片儿，每次拿出一种使用，朱振彬也都格外小心，每次用完剩下的一点儿也都舍不得扔，仍旧放回材料袋里，以备不时之需。

朱振彬曾听师傅说过，从前老先生们都有一大雅兴，去琉璃厂寻觅古纸。这既带有一定的文化自觉，又受修复理念驱动。二十世纪二三十年代，老先生们还能收到零星的开化纸及太史连纸，但后

来市面上几乎不见踪影。现在大多数业内人士，对这种顶级纸张也只是闻过其名，从未见过其貌。

修复材料的危机，一直困扰着修复师们。2003年，国图启动西夏文献修复工程。这批经折装古籍所用的是麻纸和皮纸，可如今已再无麻纸，只能尽量找纤维的长短、纹路以及纸张薄厚相近的纸张来修复。即便是皮纸，要想找到满意的也不容易了。前几年，朱振彬和同事们经多方寻访才从贵州进了一批构皮纸。"经过鉴定，确认这些纸是售卖者的爷爷以古法手工造纸抄出来的，这样我们才敢买。"

遇到实在没有合适的旧纸，就只能用新纸了。朱振彬说，在新纸选用上也得力求选与原书纸质、帘纹、薄厚相一致的手工纸。在使用此类新纸之前，还要对其酸碱度、拉力等进行测试。目的就是使用时不能对原书造成伤害。即便通过这许多测试，新纸仍然要面

2014年开始，朱振彬带队启动了古籍珍品天禄琳琅藏书的修复工作。 方非 摄

临一个大考验——染色。新纸必须染得与古籍纸张色泽相仿，具备古意，才可以使用。这样的染色工作，2014年起修复天禄琳琅藏书的过程中，已经开始了。

国图古籍修复的工作间里，有一个如中药房药柜一般的大柜子。每一格抽屉里，分别放着橡碗子、茶叶、黄柏、栀子、姜黄等染色所需的植物。到底选什么植物来染色，这并不全由朱振彬说了算，而是要遵从古法。为纸张染色，历史悠久。晋唐时期的敦煌写经用纸就大量采用了黄柏汁染色，史称"潢纸"。明代高濂在其所著的《遵生八笺·燕闲清赏笺》中也提到了运用橡碗子、黄柏等染配黄色纸张。"黄柏一片，捶碎，用水四升，浸一伏时，煎熬至二升止听用。橡斗子一升，如上法，煎水听用……" 修复天禄琳琅藏书时，朱振彬在清《武英殿刻书作定例》中也找到了清宫刻书作为染色而采买颜色的一份采购清单。其中就包括了橡碗子、栀子、藤黄等植物。"这些资料都证明，用橡碗子、栀子、藤黄等植物染纸自古就有，其悠久的历史印证了此法的安全。用这些植物染过的纸用于天禄琳琅藏书的修复，对珍籍不会产生有害的影响。"

为了确保修复材料不含化学物质、不含酸，朱振彬连糨糊也不敢在市面上买现成的，而是带着徒弟们自己动手制作。他们将买来的纯天然小麦面粉和水去除面筋，再把粉子洗出来晾干，这样才能得出纯天然的糨糊原料。在修复过程中，为了节省时间，朱振彬曾经带着徒弟们尝试使用分离设备来提取小麦淀粉。可试过几次之后发现，这样提取出来的淀粉冲成糨糊之后，呈现凉粉状态，太过透明。而且糨糊被冲熟之后也闻不到麦香的味道，再用手搓一搓，没劲。师徒几人反复琢磨分析发现，问题还是出在分离过程。之前用纯手工分离浆水时，浆中多少带有一些筋，这样制做出来的糨糊补书后，书叶平整而不失糨糊的劲道。而采用机器分离，在分离过程中太过强调纯度了，这样提取的小麦淀粉补书后其牢固程度就降低了。发现这个问题之后，再提取淀粉时格外注意，才使得糨糊的黏度大大提高。

糨糊制成，待到修复古籍时，调糨糊所用的水都得是纯净水或蒸馏水。"只有这样的糨糊才能真正做到可逆性，如果日后修复技术进步了，可以把我们现在的修补以水洗掉，重新再来。"他要操心的已不止手法那么简单，古书好像婴儿一般，牵挂着他的全部身心去照顾。

如今，采用古法手段仿制古籍修复材料的尝试已经开始。全社会对古籍保护的重视正吸引越来越多社会资源投入其中。朱振彬

朱振彬修复工作照　方非　摄

三十六年"书医"路，也从几乎无人同行的惨淡，迎来了现在广受关注的灿烂。可他依旧沉默着，最感兴趣的话题永远是手中的古籍。敦煌遗书、西夏文献、《永乐大典》、天禄琳琅……他的修复故事还在继续。

李洋2016年12月采写　除署名外，图片由朱振彬提供

伸出手，与记者交握，触感微凉。

简单寒暄，落座。她一双素手交叠着放在腿上，蓝色混金丝的衣服映衬着，尤显得纤细，丝丝缕缕的皱纹浅浅地浮着，指甲光洁，唯有略显肿胀的骨节打破了一丝美感。

她叫王亚蓉，是中国社会科学院考古研究所纺织考古学家，古丝绸修复领域的资深专家。这双手织补得了楚锦唐罗。

古代纺织品实验考古学研究第一人

2000年元宵节过了没几天，中国社会科学院考古研究所的老所长徐苹芳给王亚蓉交代了一个任务："最近不要出京，万一呢！"

他说的万一，是北京市石景山区老山驾校环型公路东南段路北山坡上正在进行的老山汉墓发掘，一旦遇到丝织品怎么处理，作为丝织品修复专家，王亚蓉随时要去现场指导。

这座墓是公安部门破获一起盗掘古墓案时发现的，是自1956年昌平明十三陵定陵和1974年丰

王亚蓉先生日常照

台大葆台西汉墓之后，北京再次有"大墓"露脸。

更难得的是，中央电视台第一次转播考古发掘现场。一时，这座墓成了很多北京人茶余饭后的谈资，谁都能点评两句。领了命的王亚蓉跟大家伙儿一样，也是透过屏幕看到了这样的画面：墓室已坍塌，棺木严重挤压。专家直言："汉墓封闭后的百年内就已经坍塌了。"

王亚蓉心里说不出的感觉。

一方面松了口气，应该不会有任务了。因为这是北方，天气半年干、半年湿，墓又是被盗过的，丝织品、纸张等有机类文物全完了，几乎没有生存下来的机会。但更多的是惋惜。

不过这些丝毫没有影响墓葬的热度，报纸版面几乎天天都有或多或少的消息传出。老山汉墓发掘现场负责人、北京文物研究所副所长王武钰不得不经常出来辟谣，比如"开棺"直播是误传；"便房"不是厕所，是一种墓制结构。

一天夜里，王亚蓉突然接到了电话。大概内容是，墓葬清理过程中，工作人员发现坍塌棺板分开的一层和二层间夹着一层丝织品。

"怎么办？怎么处理？"对方问得急赤白脸。

王亚蓉脑筋转得飞快："既然打开了，就把上面棺板翻过来，先用水润湿了的宣纸蒙在表面，然后用塑料布包上，一定要保湿，一定要避光。"

第二天一大早，王亚蓉被考古现场的车接来了。

"兴奋，第一眼看到特别兴奋。这是朱砂绣啊！"动作举止婉

约的王亚蓉，谈到工作，说话却都是
直给型，即使自己最初判断错了，也
丝毫不加掩饰："后来，我发现不
是。上下（板）都是成吨的棺板，两
块板间形成了一个密闭空间。棺板上
背红色大漆，颜料已经被压进了丝织
品。"

真正的文物提取、修复要挪到屋
子里进行。北京市文物局特意协调了
一间临时木板房，就在墓葬附近。

木板房居然被围了，只要是玻璃
的地方就有人扒着往里瞅。

"北方墓葬出土的丝织品太少
了，别说普通人，考古队的人也都想
看。"王亚蓉的办法挺绝——找报
纸，把所有的窗户都糊上，处置丝织
品不能受到干扰，文物太过娇气。

这是很王亚蓉的一种态度。

即使如今，参与了《大国工匠》
拍摄的中国丝织品修复第一人，谈
及出名的感想，一摆手，连摇头：
"麻烦！不喜欢。我就想踏踏实实工
作。"

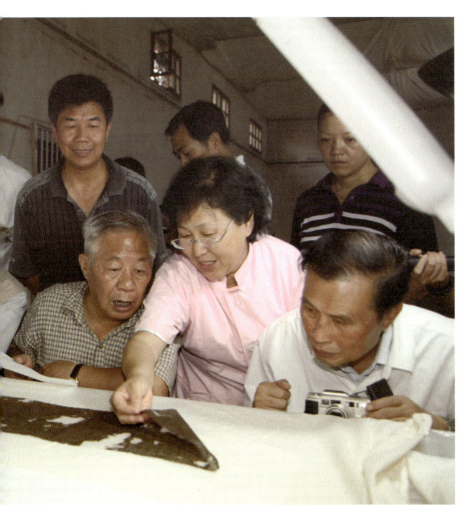

江西靖安工作照

去年年底，王亚蓉在成都举行的中国文物学会纺织文物专业委员会第二届学术研讨会上，亮出了自己最新的复织作品：东周双色几何纹经锦。

现场，她穿一身绛红色旗袍，"粉丝"竞相上前。有人提出："王先生，您能和我们合个影吗？"也有人问："王先生，这卷锦的颜色好像比照片上的亮一些……"

古稀老者恬静地应对，不急不躁。四十多年来，她先后参与了长沙马王堆西汉墓、法门寺唐塔地宫、北京老山汉墓等多处丝织品的现场发掘、清理、保护、修复工作，是开展古代纺织品实验考古学研究的第一人。"先生"这一尊称她当之无愧。

沈从文先生的高足

可在女先生的心里，先生是沈从文。她曾直言不讳地说，自己幸运得一良师，耳濡目染成就今日事业。

拜师的过程，与很多故事里说的一样——无心插柳。

二十世纪七十年代。王亚蓉是北京玩具厂的美工，一双手细细长长，像是雨后冒尖的新笋。

七十年代初，在"抓革命促生产的大好形势"里，她只要有空，就往北京图书馆柏林寺分馆跑，为自己设计的小猫、小狗、美术人形……寻找些感悟。

当时的图书馆门可罗雀，终日寥寥几人。去得多了，一位不认识的长者注意到她。有一次，他俩邻座，老人问："姑娘，你来查什么啊？怎么不去搞建设？"

王亚蓉据实以告："我是来找设计灵感的。"

这位长者是当时中国人民大学中文系教授杨纤如。他为能有年轻人踏实读书而开心，于是跟王亚蓉要了电话号码。"我想把你推荐给一位老朋友，他那儿书多，资料全，不过我得问问人家。"

"那您能告诉我他是谁么？"

"沈从文。"

几天后，王亚蓉接了一个电话。她结识了沈从文。

成为沈先生入室弟子，要面试么？

已经满头白发的王亚蓉抿嘴笑，指了指靠窗的小桌，最上面有一张A4纸，黑色线条勾勒出几只灵动狗熊，或出拳、或下腰。

"这就是我的'入学考试'。"透过圆圆的镜片，王亚蓉眼睛弯成月牙，娓娓回忆："是一个风和日丽的下午，杨教授带我敲开东堂子胡同的一间房门。屋里暗，写字台上亮着台灯，沈先生鼻口间还留有未揩净的鼻血，拿着毛笔正修改文稿。"

二十多岁的小姑娘，好奇地打量——十二三平房米的小屋，架上是书，桌上是书，地上堆的还是书，双人床上也堆满了书，四壁凡手能够到的地方贴满图片和字条。"听杨教授讲，沈先生多次被抄家，这劫后拥塞能理解，可这怎么睡觉和生活啊！望着屋里，鼻子里还塞着手纸的沈先生和老友谈笑风生，我的无知让我无法理解，他竟能如此快乐地讲述他的工作。"

年轻的手与老者的手相握。"先生的手，柔若无骨。"

王亚蓉去求教的次数多了，得知沈从文奉周恩来之嘱要编一本

与沈先生夫妇合照

古代服饰图录。但"文化大革命"期间，他被这本书所累，挨了不少批斗。沈先生的助手陈大章、李之檀等人也都各自忙去了。只有沈从文并不在乎这种逆境，认准的路一往无前，他觉得："不管怎么说，搞出来，对年轻人以后会有用的!"

"得知我是学绘画出身的，沈先生鼓励我试试!"

第一幅画，就是摹绘河北三盘山出土西汉错金银铜车马器上的六只狗熊。"可能觉得我画得能入眼，从此，我就开始追随先生学习，并结识了王予，一同成为沈先生的助手。"

期间，王亚蓉为了追随沈从文，工作调动几经曲折。要知道在二十世纪八十年代以前，工作要服从组织分配，一个人毕业分配到单位后，一般都是"终身制"的在这里工作，如果不服从，后果很难设想。王亚蓉想尽办法才得到原单位批准，可以调动工作。历史博物馆在审查了她的工作能力后，也决定破格录取。政审后就在王亚蓉上班前，原历博保管部主任跟她谈话："同意你调到博物馆工作，但是不能跟沈先生一起工作。你工笔画画得不错，以后就在馆里负责临摹古画吧。"

王亚蓉拒绝了，理由很简单"不能让老人寒心"。

王亚蓉永远记得一个闷热的夏日，她发高烧在床上昏睡到午后，听到家里有客人说话，觉得口音像沈先生，爬起来一看，沈从文冒着下午两点的烈日，晒得满脸通红，汗珠子往脖领子里淌，右手还挂着一个四川细竹篾编的篮子。

"笨拙的我当时只顾着落泪，压根忘记接过那沉甸甸的篮子。"在王亚蓉的时空里，这件事儿就发生在昨天，每个细节都铭刻在心里，不会有丝毫淡忘。"沈先生因为我没去东堂子胡同，猜我是病了，就带着水果、鱼肝油和维他命C，穿越北京的东城、西城，跑到海淀区来看我。从那一刻开始，我就发誓绝对不缺勤。"后话是，王亚蓉确实实践了自己的诺言。

拒绝了新单位，老单位也已停薪停职。"我一个'悬空人物'，那段时间却是辅助沈先生工作进展顺利的时期，'熊经鸟伸''扇子的应用与衍进'……这些都是那个时间完成的。"沈从文面对逆境的乐观无形中影响着年轻的王亚蓉。

"有半年时间，沈先生每个月个人资助我二十元钱，帮我解决生活问题。后来，是王予帮我调入了中国社科院考古研究所，才算解了燃眉之急。"

沈先生常带着王亚蓉去故宫武英殿、历史博物馆或者民族文化宫看展览、查资料。"我经常挨批评，因为每次上了公交车我就帮沈先生找座位。他就跟我说，别人都累了一天了，你不要打扰大家，我站着，没关系。"

1978年，沈从文正式调入中国社会科学院，胡乔木、刘仰峤让他提出工作要求和生活上的困难，院里可以帮助解决。沈先生只提了两条：一、望将王予、王亚蓉调到身边协助工作；二、找个地方集中整理出版周总理嘱编的古代服饰图录。对于自己家中"文革"时的种种遭遇只字不提。他曾说过："个人的小事儿怎能提。"

"他是我见过的真正的男子汉！"王亚蓉用一点一滴，去努力学习先生的品格。沈从文喜欢别人跟他探讨问题，博古通今的他总能从一个小问题串出一大堆问题。"一切不孤立，凡事有联系。如果没有这些实物资料，什么纺织考古都无从谈起。"

第一次参与战国楚墓丝织品发掘抢救

王亚蓉第一次参与大型墓葬的发掘，是1982年初，湖北省江陵马山一号楚墓发掘。那会儿，她还不是先生，是沈先生的入室弟子。

这座墓葬是当地砖瓦厂取生产用土时偶然发现的。打开椁板，完整的绢制棺罩露了出来。

当年，战国时代的丝织品，只有湖北、湖南有些零星的绢织物、锦织物残片，针织物和编织物出土。人们对战国丝织品的认识是：小花回的几何文锦。

如果可以完整起取棺罩，将是一个重大收获。主持考古的张绪球、彭浩等请中国社会科学院考古所所长夏鼐支持。

于是腊月二十七，王㐨和王亚蓉被派去湖北江陵。

为了怕丝织品在阳光下受损，也怕围观的人太多影响工作，文物起取是在一个寒冷漆黑的冬夜，由一个连的解放军战士来围圈警戒防护。

王㐨负责下墓指挥，王亚蓉蹲在墓口逐一拍照记录。

棺材上的椁板取下来了，棺上摆放的竹枝，瞬间由翠绿色变得枯黄。这是考古人的眼福，更是考古人的遗憾。

棺盖慢慢掀开，王亚蓉形容"眼前一亮，无限美丽"！

"快盖上！"王㐨命令着，因为兴奋声音走了样。仅一眼，他已经断定："完好的满棺锦绣，现场不能开棺！"

运回去？湖北省考古工作人员犯了难。前段时间有个类似的墓葬，运回博物馆的途中，棺内的丝织品在棺液里被晃散了。

王予是中国考古界中纺织品文物保护专家，他四面敲了敲棺木，凭经验判断丝织品饱含水分，但没有积液。

双方各执一词，争论持续了两个多小时。那会儿王亚蓉还是"新人"，没有发言权。

荆州市文化局负责人问王亚蓉："王先生的话，可信度能有多大？"

王亚蓉丝毫没犹豫："请相信他！王予一贯谨慎，有十成把握的事儿他只会说八成，为了文物，请一定相信他！"

最后，现场决定按王予说的办。湖北电影制片厂的摄影师张剑辉跳上车，高声喊："王予，文物要是出了问题，我上北京告你去！"

在吼声中，棺材缓缓起吊，被运回。

博物馆的一间大厅里，棺盖徐徐除去，棺内文物毫发无损。"王工！我服！"张剑辉发自内心地说。王予的考虑是周全的，清取丝织品需要相当长的时间，如果在野外开棺，紫外线和风沙会无情地损伤这些千年留存下来的瑰宝。

水泥地面铺上了板子，衬上布成了工作台。王亚蓉拿个小垫子，跪着干。干着干着，垫子留在了原地，人却跪到了冷冰冰的地上。

一切都是在跟时间赛跑。"觉得多长几只手都不够。几十天，跪累了就爬，然后再跪，膝盖起了茧。"王亚蓉说，"因为和青铜器、瓷器等不同，这类文物属于有机蛋白类，非常容易遭到腐蚀。墓中出土的丝绸，大多穿在墓主身上，伴随着尸体的水化而被腐蚀，极难保存。按理说，墓葬千千万万，入土时都有丝织品衣物，但是受地理环境、微生物和尸身水化分解等影响，多数墓葬的丝织品往往一出土会发生褪色甚至粉化。所以才有千墓难出一件丝的说法。"

冬虫夏草，千年轮换，竹枝的一瞥永远地留在了王亚蓉心里。天天跪在地上工作，膝盖磨出了茧，没到冬天就落下个关节疼的病根儿。

"早期，有些文物报告不重视丝织品文物，可能就写出土了红色的、黑色的丝织品。这就等于没说。更何况，有些丝织品就是泥浆状的，没有临时处置经验的。"还有后半句话，快人快语的王亚蓉没有说。

停顿了一两秒，她说："绫罗绸缎，实际上都是不同的织造方式。丝织品出土的时候必须清楚，因为太娇贵了，很可能以后就没有了。"

在这座楚墓织锦上，181厘米长的一个花纹单位，设计恢弘瑰丽、奔放无羁。一位英国研究服饰文化的汉学家感慨："这是中国战国的毕加索设计的。"王亚蓉说："我为先祖骄傲。"

千年楚服在她手上重生

1983年到1990年，王亚蓉以马山楚墓为标本，开始致力于楚服饰的研究复制工作。其中艰辛，难以言说。

1985年，第一批试验品得到了沈从文的具体指点和鼓励，他跟王亚蓉说："研究服饰必须多方面努力去做，才有实际意义。光是印些书，纸上谈兵效果不大。"

1991年，湖北江陵举办第一次中国国际服饰研讨会，王亚蓉将楚服的复制品带来亮相，引发了轰动效应。

一件复原复制的N10彩绣凤鸟纹锦衣，绣工精致。为了能近距离欣赏，来自中国台湾、日本、韩国的学者教授，围着平铺衣服的展板，跪了一圈儿，凑近细看。一位参会的专家说："真是五体投地！为中国古老的文化折服，也敬佩能将其复原的巧思巧手。"

这件锦衣两袖平直，袖展有一百五十八厘米，身长一百六十五厘米。上衣正裁四片，"下裳"由九片拼缝，襟、摆锦缘宽九厘米。可以说，这件绣衣，是此次发掘出土最精美的一件。

"每公分绣有十个锁绣圈扣，每个圈扣长一毫米，绣纹挺括利落，精美无匹。"

绣纹为正面鸟像，两只翅膀平开直立作起舞状，头上冠羽犹如华盖，向两侧垂悬若流苏，神秘庄严使人联想到古代盛装的女巫。两只翅膀上曲的部分又复作两鸟头形状，其一生出花枝向上漫卷至顶反倒挂下长长的三穗花串，类似战国组缨陆离玉佩的形状。整幅画面将楚文化纹饰设计与设色的神秘情趣和魅力展现得淋漓尽致。

衣领缘内、外附有钉缝在上面的纹饰精美的丝质窄带，类似现在的护领或者男士们使用的各色领带。更有趣儿的是，内、外均有简单稀疏的钉固，大约当时楚国人也会根据时节变化而随时更换"配饰"。

专家推断，这是一件礼仪类的服饰。但是衣领上的这种窄带，马山楚墓出土的就有四种。这件最精美服饰的窄带采用了顶针纬向纳绣显示花纹的方法，仅用绛色、黄色、蓝色和棕色四种丝线，就绣成一幅田猎场面——车马一乘飞驰前行，车上御手一，挺身昂首束腰端坐驭车，前立一人为射手，正持弓控弦作待发之状。车尾彩旒飘逸，车前有狂奔之鹿和回首之兽。车前下侧，一勇士手持盾牌转身博猛虎，后下侧又有一人手持短剑与困兽格斗。一派生动场面，全都在极规整的两方连续菱形格架中，其间山泽坑谷、茂林长草，均以几何图形作象征表现，使得动静对比，节奏与速度感分外强烈，绣工针法足见精巧。

复制这条窄带的时候，先用合股丝线平织一带，织造密度平均为每平方厘米经线32.6根，纬线18根。带宽6.8厘米，共排列经线222根。

织带完成，将窄带染成深褐色，再按意匠纹饰绕经线纬向纳绣花纹。王亚蓉解释，这种绣法表面看非常像纬线显花的织锦，但比纬锦花纹遮盖力强，纹线纯净鲜明。由于在带上满地做绣，过去一度误认为是一种特殊的"绕经纬花织物"。直到研究复制N10绣衣需要织造这条"领带"时，一接触实践才发现，所谓"绕经纬花织物"是绝难在织机上提花织造的。也是因此才转而探求其他方法，实验证明是一种特别的刺绣——绕经纳绣针法。

刺绣时，采用这种针法，要求绣工眼力极好，数着布丝一针不错地绣，一个单位的纹样大约要绣三十个工作日。完成一条绣领大约需要半年时间。

在修复过程中，服制形式方面的研究也更深入。过去多认为中国衣裳的剪裁方式只有传统的平面剪裁：平片裁，平片缝、宽博舒适，但肩膀腋下前后多折，看上去不太附体。其实，战国时出土的衣服，已经是"立体剪裁"了。马山墓衣制一律是交领、右衽、直裾、上衣下裳连成一体的深衣制。

"衣做绣，锦为缘，袖腋处设'小腰'左右各一。"王亚蓉说，穿上身儿，小腰的功效就显现出来了——本来前后平直的上衣，穿着后因为小腰嵌片横于腋下，遂把上衣胸襟向前推隆十余厘米。腰部自然收敛，结带束腰，"下裳"部分即作筒裙状变化，"上衣"即呈现立体化，相应的表现人的形态美。这是简洁、成熟、充满才智的设计。英国维多利亚与阿尔伯特博物馆的威尔逊教授说："这是中国人在两千多年前用平面剪裁做出的立体效果的服装，简直太了不起了！"

著名学者张光直见过这件复制品后，曾经问王亚蓉："你知道你开展的工作叫什么吗？"

"不知道。"

"这叫在服饰文化领域开展的实验考古研究。实验考古源于美国，是研究石器的时候，现代人用与古人相同的材料，相同的技艺再做一次，然后用它去实验自身的各种功用，以得到实在的结论。

过去的那种推论性的研究有很多出入，用现代人的头脑和眼光去推断远古社会，误差是难免的。你开展的这项工作，很重要。"

王亚蓉直言："是沈先生指引我走向了这种工作方法。"

"王先生带着'七仙女'又下墓了"

2007年，国家文物局专家组建议，王亚蓉带着七位首都博物馆的馆员参加江西靖安东周大墓的纺织品发掘保护。因为七位都是年轻女孩儿，所以现场经常有人说"王先生带着'七仙女'又下墓了"。

这个墓葬保存的大量人类遗骸，填补了中国南方地区先秦人类遗骸研究的一项空白，为先秦时期南方地区体质人类学研究提供了重要标尺。

王亚蓉的电脑里，至今保留着当时现场的一些照片。土坑里，密密匝匝地排列着四十七具棺木，最密的地方连插入一只手的缝隙都没有。其中可鉴别的人骨均被认定为女性，年龄从十五岁到二十五岁不等。打开主棺，墓主人的整个尸身都浸泡在积水里，纺织物已经与尸骨、泥沙完全混搅在一起，形成一摊软泥。

可这在王亚蓉眼里，是一种万幸——因入葬时密封手段较好，且地理环境等机缘，两千五六百年前的织物实体呈现在眼前。"潮湿，每具棺木都浸满积水。这在一定程度上保护了丝织物少受微生物的侵蚀。"

在墓葬附近有一座粮仓，王亚蓉将这里消毒后，改造成实验室。十台立式空调，室温控制在摄氏十七八度。

2017年中国社会科学院考古研究所纺织考古团队合影

虹吸处置后的棺木里，所谓丝织品在外行眼里就是一块块的泥巴。把每一件再展开，都要依靠微微水波的力量。

在王亚蓉的主持下，临时工作台搭起来了，四周用造塑料大棚的材料建一圈浅池。池子一角放一块海绵，有人拿着盛着水的盆，把手浸湿，水珠顺着手指尖滴答滴答，落在海绵上。

海绵饱和后，才会向外渗水，池子里的水一点点涨起来，王亚蓉和"七仙女"唯一能做的是用手轻柔地拍打水面，一圈圈涟漪荡出去，漾起千年前的锦绣。

2摄氏度的水里，年轻的和不再年轻的手毫无保留地浸入。王亚蓉的骨关节也因此变得肿胀。可她对这段经历的回忆是"幸福与责任"。

不停地拍打，换了十几次水，织物的颜色、经纬慢慢呈现出来。

您可能很难相信，这一场在2摄氏度水中的抢救足足花费了王亚蓉近两年的时间，每清理一片纺织品，都需要如此"折腾"，至少换几十次水。

时光仿佛再次被冻结了。

坐在棺木前，王亚蓉要用眼科手术里最尖的镊子，将丝织品上的小沙粒一点点挑出来。"动作要轻柔，稍微一手抖就是一个洞。"

在泥沙里滚了千年的古丝绸，已经很难看出薄厚深浅。王亚蓉拿着羊毫笔，如春风一般轻抚，拂在泥坨表面，一点点扫落粘脱泥土。这份功夫全在力度的拿捏。

不足尺方的一块织物，打开古老的泥封，就需要一个多月的时间。

"即便是纺织物印在周边泥土的印痕纹样，也是一种证据。我们会通过文字、图片、影像等手段记录文物出土的样貌，并尽力去保留。"王亚蓉曾在靖安东周的墓葬中找到一件破损不堪的衣服遗存，是左襟压右襟。"空口无凭，这，就为古人右衽穿衣的习惯提供了实物佐证，推论的研究结果是不易站住脚的。"

历史的真容呈现出来，总是令人激动和振奋。

黑红似漆器般精美的几何纹锦在二百倍的显微镜下，东周纹理纤毫必现：经线密度达到了每厘米240根。"相当于每毫米内要排列24根经线，而现代高级织品每毫米大约排列10根经线。"王亚蓉赞叹，"两千多年前的人们，养蚕、缫丝、织造等每一个环节都一丝不苟的完成，才能达到如此精度。技艺水平的高超不言而喻。"

仁厚的大地珍存了千年的绝品，不能在自己手里损伤纤毫。一次又一次的发掘，令王亚蓉痛苦的，不是恶劣的环境、墓室里污浊的味道，而是丝织品常年埋藏地下，在棺椁里变得异常脆弱，看似完整，轻轻一碰就能化成粉末。

王亚蓉更希望的是它能在自己手上重生。

她遍访各地，在苏州找到了老织工李德喜夫妇，三人年龄加起来超过了两个世纪。千丝万缕在他们面前，一丝不苟地被梳理着，尝试恢复古法排列。

从为丝线染色开始，一次次染色、改装经织机进行织造，经过一年多的尝试，第一块唐代法门寺四经绞小花罗被复制出来。李德喜说："王亚蓉跟我说的是，我们这辈子要把老祖宗的好东西复织出来，不要从我们这代人手里边灭绝，不要把我们的技术带到棺材里去，要把我们的技术传给后人。"

马王堆汉墓出土的"素纱襌衣"，折叠六七层后还可以清晰地看到报纸上的文字。"刚出土的时候颜色还很鲜亮，但氧化现象等是不可能避免的。不管是对外展览，还是作为资料，总不能拿出来是一件破破烂烂的衣服啊。"王亚蓉说，"所以再难，我也要把这些文物修复好。"

如今，在位于苏州的纺织考古实验研究基地，有五台木质大织机，这是王亚蓉和主要助手王继胜先生带着团队，参照古代织机设计制造出来的。四经绞花罗、汉代襌衣、唐代织锦，没落的辉煌被再现。修复短则几个月，长则几年甚至十多年。

王亚蓉在自述中写道："我似有一种使命，事业上一个人努力支撑，癌症也好，心梗也罢，居然有惊无险地过来了，带领着北京大学、复旦大学、理工大学、服装学院的一批有志研究纺织文化的硕士生、本科生，多年辛勤努力，完成了北京双塔寺、白塔寺纺织品修复保护，研究放置了半个世纪的元代纺织文物，主持江西靖安东周大墓丝织品的发掘，清理了清代六脚趾武官干尸……在这一系列工作中，终于培养出了一批年轻人，沈从文先生、王㐨先生开创的事业，算后继有人了。"

如今，王亚蓉的办公室里，桌上是书，柜子里是书，凡触手的地方都是书。每次翻书的时候，她的大拇指弯曲得并不自然，这是常年从事修复工作时留下的病根儿。不过显然，她并不在意，她总

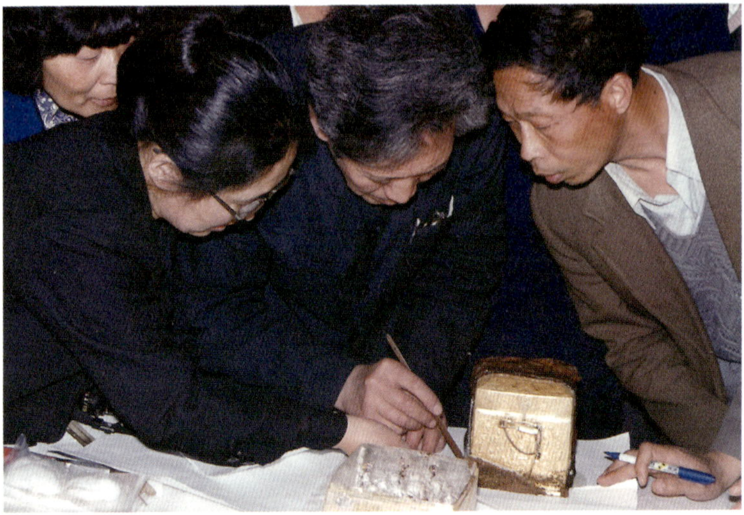

王㐨（中）、王亚蓉（左一）正在揭取唐代法门寺地宫宝函外裹的丝带工作照

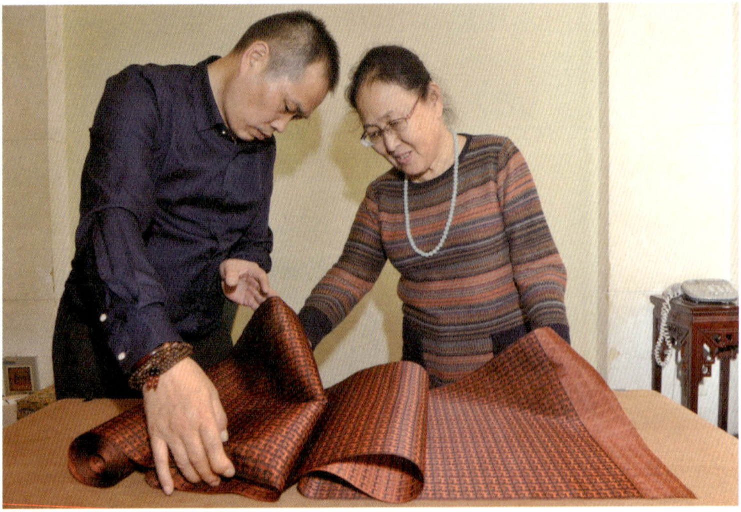

江西靖安东周大墓出土织锦复织成果（左王继胜，右王亚蓉）

宿白先生（左三）到北大观看江西赣州慈云寺塔出土文物修复情况

是笑呵呵地，即使描绘曾经的坎坷。

"我国至少有七千多年的用丝史，因为蚕桑织造和丝绸之路而闻名世界，却很少有对丝织品进行著书立传的传统。一直到沈从文先生的《中国古代服饰研究》，才开启了对中国纺织服饰文化系统研究的序幕。我见证了中国丝绸文化的博大精深。"临近采访结束，王亚蓉又一次提起了采访开始时的话题："丝绸，开启了世界历史上第一次东西方大规模的商贸交流，史称丝绸之路，中国也一度被称为'丝国'。可是现在无论是考古队，还是高校，几乎没有专门的丝织文化研究保护和修复的院系，我很担忧。"

刘昆2017年3月采写　王亚蓉提供图片

贾文忠：与古人对谈金石

　　"贾文忠，从事文物修复和青铜器鉴定的专家，生于北京金石世家，老北京古铜张派第四代传人。"看到这样的介绍，首先在脑中产生的关联词是传奇、是神秘；看了关于文物修复的许多报道，又觉得这份工作其实是枯燥、是寂寞。

　　等接触了，所见所闻却只是"日常"二字。

贾文忠工作照 王小宁 摄

　　贾文忠，中国农业博物馆的研究馆员。他，朝九晚五地上班，中午在单位食堂一碗米饭、一荤一素两个菜是日常；路过农展馆旁一处豪宅，不敢问津，闲聊一下调侃几句是日常；至于出土的闻名全国乃至世界的大墓、国宝级的文物、动辄上亿的奇珍异宝，见识多了、修复多了、过手多了，对他不过是日常；儿子贾树也干了这行，在国博从事青铜器修复与保护。打电话来交流业务，父子俩的对谈，外行听不懂几句，在他也还是日常。

从这日常里流出许多故事是平实的。几十年的风雨过往淡淡讲来，如同他的全形墨拓，古朴圆浑，细品，金石韵味悠长。

另类玩具

贾文忠出生在北京宣武区（今西城区）潘家河沿的一个四合院里。四合院高高的门槛，胡同里的街坊四邻亲善，家家夜不闭户安宁。历史悠久的街巷，会馆就有十多家，不同地域的会馆形成的差异和融合，带出来的人文气息，给他留下了美好温馨的童年记忆。

从潘家河沿搬走后，他还带着孩子常回去看看。只是近些年，随着城市的扩张发展变迁，他念过的小学、读过的中学没了，鳞次栉比的会馆没了，历史悠久的庵呀庙呀也都没了，就连潘家河沿的名字也早就改成了潘家胡同，近两年胡同也拆迁了，"再回去，找不到熟悉的东西了，没什么念想了"，说起旧事，他摇头感慨。

贾家是个大家，五男二女七个孩子，贾文忠排行老六。

父亲贾玉波十三岁从河北辛集县来北京琉璃厂，在青铜器修复艺人王德山门下学艺，成为古铜张派的第三代传人，更是新中国第一代文物修复专家。贾家的孩子里，六个都从事了与文物相关的行业。

孩子多，吃饭的嘴就多。在物质匮乏的二十世纪六七十年代，冻萝卜和棒子面做的菜团子；老大穿了老二穿、补丁摞补丁的旧衣服是家里孩子的日常。虽然是这样不够吃的状态下，玩依然是孩子最惦记的事儿。除了在胡同里藏猫猫、上树掏鸟下河捞鱼，贾文忠有别家孩子没有的玩具，那是父亲在博物馆复制文物时做坏了的小玩意儿，什么小铜佛、小铜锁、没了尾巴的陶马、缺了腿的陶人都是他把玩的小物件。不上课的时候他也常去中国历史博物馆父亲干活的修复室，看父亲和同事们干活儿，青铜器、陶器的修复，甚至古人头骨的复原，他都饶有兴致地观察，在心里记，回家自己试着做石膏模具。小学的时候，他就会翻模子，自己捏些小泥人、做些小玩意儿；十六岁，他已经能做出逼真的铜币、牛尊这样的文物仿制品了。

六七岁时，他爱上了画画，书没怎么好好读，课本边、作业上，画的全是美人头、军官脸。再后来画上了国画，看见报纸上印的画都剪下来存着，模仿着画。为了买点小画片，省下点儿车票钱，他曾从南横街走到王府井。

九岁时他开始用宣纸画画了，一画就入迷，常常忘了吃饭，忘了睡觉。

"我记得，我爸晚上有时候会去琉璃厂的文物店或画店打电话。那阵儿，琉璃厂的文物商店都不对外开放。每次打电话，他都会用自行车带上我去，他打电话，打完了还和画店值班的老先生聊会儿天。我就在画店里看画，那儿挂的都是齐白石、李可染、陈半丁、李苦禅这些大家的画，还有一些有名的碑帖，看见喜欢的就用带的纸照着临摹。"

后来，他求父亲和琉璃厂那些画店、文物店看门的打招呼走个后门，常常放学吃完饭就去看画。因为机会来得不容易，他格外珍惜，看得用心，记得用心。

"1977年，中国历史博物馆外宾部举办一个迎春画展，我正学习临摹曹克家的画，就把临摹的一幅小猫的画也送去展览，结果还被人买走了，给了我六块钱。那心里，甭提多高兴了。"这以后，他画画的兴趣更浓了，加上家附近又建了一家裱画厂，看画更方便了。他看名画，不断临摹，又把画好的画放在琉璃厂，卖几块钱去换笔墨纸砚，再画更多的画。

年少的时光就这样过去了。

玩文舞墨

贾文忠上学的时候，实行的是十年制的教育，小学五年，中学五年。十七岁，他高中毕业了，那是1978年。虽说已经恢复了高考，可这十年，学农学工学商，除了语录背得好，文化课基本都荒废了，考大学不现实，只有就业了。

那时候，售货员、服务员、理发员、驾驶员、邮递员、炊事员、售票员、保育员等职业被称为八大员，是许多人眼中的肥缺，家里没有过硬的关系没法干上这几行。

"1978年，北京文物局成立一个文物复制工厂，这等于把文物局原来一个文物修复组扩建成一个厂，正好招人，我就参加了考试。复制青铜器陶器啥的，我熟悉呀，去翻了个模子，一下就通过了，去了文物复制厂。"

就这样，十七岁的贾文忠和父亲一样干上了文物修复这一行，成为一名文物修复工。那个年头，文物修复工和木工、电工、泥瓦工一样都是普通工人，远远没有前面说的八大员的职业那么风光，更没有现今只要涉及文物鉴定修复的人，都被当做专家学者高看一眼的待遇。

"这个工作是幕后的无名英雄。观众去博物馆看见陈列的文物，说多精美多精美的，谁也不知道这玩意儿以前碎成什么样，坏成什么样，谁也不会问它是谁修好的。搞摄影的还能在作品上落个名儿，修复是没有名儿的。"

虽然进了个并不被看好的行业，每月只有十六元的工资，贾文忠却从工作起就抱定了踏踏实实干活的心。因为父亲给他讲得最多的话是：做一件事得把它做好。手艺人，把手艺做好，才能有好饭碗。

贾文忠进到文物局的那年，"文革"结束没多久。他主要做的是复制各种青铜器陶器，清退抄家文物，仅他翻制历代铜镜的石膏模具就达上百件之多。父亲教他的东西开始大量用于实践。"虽说主要做复制，但对我来说，更多的收获是通过这个工作，亲眼看见、亲手摸到了大量的珍贵文物，同时结识了大批行业里的前辈大家：搞碑帖的李孟东、傅大卣、马宝山；搞瓷器的孟宪武、常镜涵、孙学海；搞书画的赵存义、刘云普；搞古籍的魏隐儒、张金榜。他们都在当时的文物局落实组里，做整理库房、清点文物、退还文物的工作。"

工作和休息时间，贾文忠没事就爱和这些老先生待在一起，听他们说古论今，品鉴文物。每一件文物的来龙去脉，收藏传承的背后都有江湖，有人心，有历史的兴衰，更有人性的考量。

十几岁的年龄正是求知欲最强的时候，贾文忠在求知若渴的学习中意识到，修复文物，不能拘泥于一器一物，更不能满足于学会了修复的技艺流程。"做这行，要成为多面手，各行业的东西都要能借鉴到修复里。要是单纯为了修复而修复，那就把这事儿做死了。"

因为父亲那辈就和这些老先生多有相识相交，加上他敏而好学，老先生们很愿意把自己的所学相授于这个年轻人。书法、绘画、篆刻、碑拓、装裱，贾文忠有机会就留心学习。仅从篆刻说，在那几年里他就刻了上千方印。"我那时候临摹汉印，书法也得学，没有书法功底，章也刻不好。我从王府井美术服务部买了几块最便宜的青田石、汉寿石，练习刻印，刻完了磨掉，磨了再刻，直到不能用了为止。"

孔庙大匾

1983年，文物复制厂宣布解散，贾文忠被分配到了首都博物馆。他的所学所记，有了更多的实践机会。

在首博，他参与的第一项大工程就是整理开放孔庙的主殿——大成殿，并按历史原貌恢复大成殿的文物陈列。其中，修复孔庙皇帝御书的九块大匾是刚刚二十出头的他值得记忆的一笔。

这些大匾是当时清朝几位皇上祭孔时为孔庙所题写，有康熙的"万世师表"、雍正的"生民未有"、乾隆的"与天地参"等。这些木质的大匾年久失修，满身尘垢，有些字都已坏失。

修复北京孔庙大成殿皇帝御赐大匾

修复北京孔庙大成殿皇帝御赐大匾

木质的大匾不能用水冲洗尘垢，只能用气泵一点点吹掉，然后在破损的地方打腻子，刷佛青地儿，再涂上金粉。最难的修复要数缺损的字了，匾很大，每个字都有一米见方。没有那么大的毛笔，当时主持修复工作的崔宗汉想出一招，用软布代替毛笔沾墨写出大字，再用腻子将字堆出来。这时，贾文忠所学的书法知识就派上用场了。

虽然主攻的是青铜器修复，但在首博，铁、木、陶、布、纸、骨、瓷、石，各种材质文物的复制贾文忠都做过。对他而言，可不是想成为行行都通的"万金油"，而是希望触类旁通举一反三，更好地借鉴。"只有见多识广，才能眼高手高。有些东西你在书本上没法学到，每件器物的大小器形结构各不相同，只有认真琢磨，仔细体会，不断把复制出的东西和真品去对照、改进。在这个过程中，你可以体味到许多无法言说的东西。"

兽面方鼎

商代兽面纹卧虎铜方鼎的修复，是贾文忠职业生涯里的重大考验，所以虽然过去多年，他依然记忆犹新。

1989年9月20日下午，江西省新干县修补赣江大堤的工人们在取土时，无意中挖出了一批文物，后经江西省文物考古队继续发掘，一座埋藏于地下三千多年的商代大墓重见天日。在出土的大批文物中，仅青铜器就有四百七十五件，是江南地区商代青铜器的一次重大发现。

江西新干大洋洲出土商代青铜鼎修复前　　　　　　　　江西新干大洋洲出土商代青铜鼎修复中

江西新干大洋洲出土商代青铜鼎修复后

出土的青铜器许多与中原商文化的器物相同或类似，但用中原的标准来观察，又有不少明显的地方特色。例如在礼器的组合上，缺少了尊、觚、爵、角、斝等常见的酒器。即使是形制和中原类同的器物，不少也有特别的装饰或花纹，如器耳上多附加虎、鹿一类动物形饰，纹饰间多有"燕尾"形的索纹、阔口的牛首纹等。

长期以来，历史学界、考古学界认为，在中原拥有高度发达的商周青铜文明的时候，整个南方地区尚属"荒蛮服地"或者是"荒服之地"，也就是原始社会状态。而江西夹处于吴越、荆楚之间，号称"吴头楚尾"，直到春秋时期，史书上才见江西的个别地名，如同古史上的空白点。

因此，江西新干大洋洲青铜器墓葬的发现，以无可辩驳的事实证明：早在三千多年前，赣鄱地区就有着较为发达的青铜文明，有着一个与中原殷商王朝政权并存发展的青铜王国。

著名考古学家、北京大学考古系邹衡教授说："这是长江以南空前的发现，它确凿无疑地揭示了一个事实：在商代，中国南方已出现了一个掌握有相当权威的统治者，表明这里已有一个政权，国家已经产生，进入了文明时代。同时，这样丰富多彩的青铜重器，说明其文化发展水平甚至与中原不相上下，有力证明了南方开发很早，至少在三千多年前，江南人民就已创造出灿烂辉煌的古代文明。这次发现的意义，怎么评价都不过分！"

1990年，作为修复专家，贾文忠参与了这次考古行动，修复了墓中一件重要文物——商代兽面纹卧虎铜方鼎。

鼎，古人烹煮肉食的器具，伴随着青铜时代的到来，成为最重要的祭祀祖先、沟通人神的礼器。作为礼器，鼎必须经过装饰以使其摆脱实用功能。而鼎的数量则彰显着主人的身份、等级和权力。可以说，在墓葬中发现了鼎，就证明了墓主人的非比寻常，而墓主人身份的之谜则最有可能通过对鼎的研究得知。

"这个鼎的造型与纹饰与中原殷商文化的铜器相似，罕见的是它的立耳上各有一个造型新奇的卧式小老虎。从新干大墓出土之时严重变形，碎成了十几片，而且还有两块碎铜片被锈和沙土包裹着，有的部分已经腐蚀掉了。修复的难度确实非常大。"

"十铜九补"，对于见惯文物的贾文忠来说，出土的青铜器很少是没毛病的。棺椁腐朽碎裂，土石塌陷会使得青铜器挤压变形。更严重的则是地质条件潮湿而使青铜器长锈。不过当贾文忠到达江西新干的发掘现场时，他发现出土的大批青铜器，除了常见的破损，还有明显的人为敲砸的破坏。

第一步是清洗。

"青铜器的价值不仅仅是它的历史价值，它还有说明历史的价值。为什么呢？这是因为青铜器上通常都带着铭文，而铭文记录的正是当时的历史。夏商周的断代，很重要得一点就是靠着青铜器铭文来考证的。"贾文忠说。

青铜器铭文，也叫金文或者钟鼎文。商代早期的青铜器就已经有零星的铭文。那时，铭文还只是标注族氏、便于识别的作用。西周时期，铭文的内容已经几乎涵盖了当时社会生活的方方面面。因此，传世的青铜铭文其历史价值和艺术价值都不可估量。

可是挖掘出来的这个鼎的残片锈蚀严重，加上沙土硬化在铜片表面，根本无法清晰辨认上面的花纹，就更别说考据铭文了。"如果不迅速清洗，那些附着在上面的沙土就很难弄了。"

所以贾文忠最先面对的是青铜修复技艺中的最初环节——清洗，这个看似简单的步骤却是这件珍贵器物重见天日的重要步骤。"要先把锈蚀的铜块放在蒸馏水里浸泡，蒸馏水浸透到青铜表面的沙土里，让沙土疏松。然后把蒸馏水装进真空的喷气枪里，喷在这个器物上，边喷边用棕刷子刷。再用小刀小铲把铜器缝隙里的泥沙一点点掏出来。当然多数铜器上面还有铜锈和坚硬的矿化物，这个就是蒸馏水解决不了的。"

之后便是除锈。

"青铜器本身的颜色应该是金黄色的，但是埋在地下，它上面慢慢形成了很厚的锈蚀层。那个锈有各种颜色，翠绿、红褐、黑色、银灰……我们统称叫红斑绿锈。"

除去青铜器上的锈斑，贾文忠通常用机械和化学两种手段。

所谓机械除锈，也就是拿钢钎小凿子之类的工具，一点点剔除青铜花纹凹缝处的锈块。这些听上去毫无技术含量的工作却需要付出高度的耐心。一坐一站一整天，腰酸背痛是常有的事儿。

而这样还是无法清理干净的细节则要交给化学的办法处理。新干青铜器在埋于地下的三千年中，被腐蚀的器物和地下的环境达到了一种平衡状态，而一旦出土，为了防止它们继续被有害气体侵蚀，这种化学的溶剂里还会有一些保护措施。

然而是否要通过此过程把所谓青铜表面的红斑绿锈全部清除掉，把器物完全还原成初始的样子呢？贾文忠说，青铜清洗也要讲究度："清洗红斑绿锈的时候，是有讲究的，并不是都要清洗掉，我们要除去的是有害的锈斑，如氯化亚铜、碱式氯化铜、粉状锈等等。此外，有铭文有花纹的地方把锈弄干净，但是其他地方适当保留（红斑绿锈）可以增加这个器物的美感、历史感。"

清理工作完成后，就该给青铜器整形了！

"青铜器在地下埋藏时，墓穴塌陷，地层变化，有些被挤压，有些被撞击，也有可能在转辗中发生破坏，因而就需要对这些青铜器进行整形。整形就是纠正变形，要根据铜器变形程度和铜质性质的延展性、弹性、塑性、脆性、强度、厚度及腐蚀程度，选择钣金技术、模压法及撑拉焊接等不同的方法整形。"

新干出土的青铜器，很大一部分，包括这件卧虎铜方鼎变形都很严重，贾文忠对清洗过的铜片进行了细致的观察，发现：人为破坏的器物质地都比较好，而受外界压力破坏的器物，质地较差，有的几乎没有铜性。对着不同质地的器物就要不同方法来整形。

"质地好的那些用传统方法整，顶压挤压支撑抛打……也想了很多办法，有些地方还用了千斤顶。铜质不好，铜性很少的，用顶压挤压，会对文物有损伤，所以就用先分割的方法进行，然后再根据器物的原状拼接上。"

焊接是青铜修复技术中的一个重要环节。

修复和复制文物的技艺，自古流传，从事青铜器修复这门古老技艺的手艺人，很多都成为了杂家。他们不仅要掌握修复方面的技术，更重要的还要有绘画、书法甚至篆刻等方面的修养。青铜器的修复技艺已经不只是一门简单的技术，而是成为了一门综合的艺术。

修复专家的经验学识都在焊接这个环节上接受实践的考验。除了技艺，还得对各个时期、各个地方器物的造型工艺特点有全面的了解。"你得研究这些铜碴，也就是铜块碎片的大小、形状、薄厚、腐蚀程度等等，每片都要做好记号，编上号码，然后根据铜碴的器形花纹断口曲线，把它们都放在相应的位置上。当然你得把这个鼎破碎的状况和它应有的全貌在心里作出判断。有的地方铜碴是不全的，就要在后面的工序里考虑补配。"

碴对好的铜块不能立刻就焊接，还要对铜块进行锉口，也就是把要对口焊接的两块铜器的断口上锉出新的铜质："这个不能简单地锉，要锉掉腐蚀层，露出新茬来，又要尽可能保留铜器原有的曲线；而且也不能平着锉掉一层，要在铜器断口内外方向上偏重一方锉成一定的坡度，断口剖面才能形成一定的角度。锉的时候还要特别注意铜器表面上的铭文花纹都不能受影响。"

青铜器焊接通常都用锡焊法，锡的熔点低，不会对青铜产生氧化，"为了能够准确焊接，一般都不会先焊死了，先焊住一两个固定点，然后观察，看器形是不是正确，如果不正确，再溶解，再纠正……"。

焊接完成就大功告成了吧？不对，后面还有补配和做锈。

整形焊接后的兽面纹卧虎铜方鼎显露出其三千年前的风采。这件大方鼎形体巨大，通高97厘米，重49千克，斜折沿，方唇，口沿之上立微外侈的圆拱形外槽式立耳，槽内有一道凸弦纹状加强筋，耳上各卧一虎，腹呈仰斗状，平底；柱足中空，与腹部相通，上粗下细，近足根处微鼓。鼎腹外壁除中间部位素面外，两侧边和下部饰排状乳钉纹，两侧边各饰一组省体兽面纹。风格非常独特。

然而，鼎的腹部四帮面有较大的砸伤，一侧帮面上部纹饰残缺，另一侧立耳断掉，左下角缺了一小块。

如何将其补配完整，又如何使得补配后的表面纹饰准确精美，贾文忠先做的是对铜鼎表面的纹饰进行拓片："比如这个鼎这儿缺一块，有个窟窿，那怎么弄？你不能随便给它补上纹饰，要先从鼎的其他相似的部位拓片，然后缺的这块补上铜片，用拓片在这上面复制上纹饰，再用刻刀錾刻上去。"

在补配的铜板上刻出与原物一样的纹饰，不但需要掌握纯熟的錾刻技术，还要熟知各个不同时期纹饰的演变，曲折深浅宽窄变化的形式，自己配制了各种錾子，如铲錾、平錾、钩錾、踩錾、鱼眼錾……甚至为处理一些特殊的花纹，自己发明研制一些顺手的工具。

一件残破的青铜器，在经过整体复原修复后，要对补配部位以及焊接口进行做锈,使之表现出腐蚀生锈的效果，俗称"做旧"。这是青铜器修复工作的最后一道工序，也直接影响到修复后的真实效果。

做锈主要使用酒精、漆片、稀料、各类清漆、各种矿物颜料，如：沙绿、洋绿、品绿、石黄、红土子、章丹、银朱、佛青、地板黄、黑烟子、立德粉等。然而青铜器经过几千年的锈蚀所形成的状况，并非用矿石颜料随便涂刷就可以展现的。"首先将焊接道打磨平，不平的地方可用漆腻子填抹平，焊道可用三氧化铁腐蚀成黑色，用蒸馏水洗净。做地子，有的铜器为黑漆古，有些是水银沁。在做好地子的基础上做各种颜色的锈。然后根据器物最底层的颜色，一层层往上面涂抹、喷弹、点描，这些都是做旧的传统技术。"

为了能够尽可能逼真地反映鼎的原貌，他们还把铜器本身清除下来的无害锈料再用黏合剂粘盖在修复补配的部位上，最终使残破青铜器完好如初，恢复原来精美的外貌。

虽然最终没能在鼎上找到铭文，然而修复后的方鼎仍给考古提供了巨大的研究价值，据考此器身应为商中期中原地区所铸造的，后被运至江西，然后在当地再加铸了卧虎，是当地文化的特征。

如今，这件商代兽面纹卧虎铜方鼎收藏于江西省博物馆，当年的"废铜烂铁"已经变身为博物馆的镇馆之宝。

君王编钟

贾文忠经手修复的文物中，最著名的应该算是虢国墓出土的那套君王编钟。

1990年，轰动全国的三门峡西周虢国墓被发现，成为当年国家十大考古发现之一。由于墓穴坍塌、长年埋藏于地下，出土的上千件青铜器的破损程度极其严重，致使相关的文物研究无从下手。国家文物局、河南省文物研究所和三门峡市文物局对此非常重视。1991年5月，文物部门特聘贾文忠参与并指导这批文物的修复。

246

河南三门峡市出土西周虢国墓青铜编钟

"有幸亲身参加这种修复工作，是千载难逢的机会。每件文物在我手里最少三五天，长的能有两三个月。每件文物，从上到下、从里到外、从纹饰到铭文都仔仔细细地研究。可以说，修复这每一件国宝级的文物对我都是一个课题：如何制造的，有什么样的纹饰特点，铭文内容，锈蚀或损坏到什么程度，锈迹色泽，出土时的情况……我不是把这当做是一件单纯的手艺活儿去完成的。"

虢国墓出土的青铜器有上千件，其中最有价值的是那套君王编钟。这是迄今发现的西周晚期最珍贵的一套编钟，共八件，总重146.75千克，形制为合瓦形，每个上面都有铭文，四个大的均为五十一个字。出土时，这些编钟都有不同程度的破损，钟身锈蚀严重。

经过极其繁复的程序，清洗、除锈、整形、焊接、补配、錾花、做锈……贾文忠恢复了这套编钟的旧貌。1992年，这套编钟以崭新面貌参加了故宫举办的文物精华展，当参观者听到编钟奏出来美妙音乐，赞叹古人的智慧和艺术成就时，不知是否会有人想到修复它们的背后，修复师耗费了怎样的精力体力，又掌握着怎样高超的技艺。

文物修复是中国的一门传统技术，自有文物的概念起，这门手艺就相伴而生。"我们的前辈在文物修复上有着很多高超的传统技艺，但是一直走的都是口手相传的老路，留下文字的东西不多，有实践经验却缺少理论的总结。我从参加工作起，就特别注意在这方面下功夫。"

经过大量的实践，贾文忠在整理父辈留下来的丰富经验的基础上，不断总结并上升到理论高度，先后出版了《文物修复技术》《贾文忠谈古玩修复》《古玩保养与修复》《贾文忠谈古玩赝品》《贾文忠谈古玩保养》《贾文忠谈古玩复制》《贾文忠谈青铜器收藏》等十余部专著。同时，他由理论到实践的脚步也一直也没有停止。

"其实做这个工作的最高境界，是和古人沟通——在拿到一个真品的时候，琢磨那个时代铸造这个器物的人，他当时的条件是什么样的，他是怎么想的、怎么做的。你用文化的、艺术的眼光和他交流，这样修复出来的东西，才不仅是表面的完整，而是具有了器物的神韵。"

玩物养志

近十年，在做文物修复的同时，贾文忠把研究的重点转移到了制作青铜器全形拓片上。

全形拓是一种以墨拓作为主要手段，辅助以素描、剪纸等技术，将青铜器的立体形状复制表现在纸面上的特殊传拓技法。学到这种传拓技艺，缘于他对书法和篆刻的爱好。

十七岁，贾文忠参加工作后，曾拜金石大家傅大卤为师。傅大卤精于鉴别金石书画，尤擅治印、刻砚，最拿手的"金石传拓技术"在中国首屈一指，他的每张拓片都是难得的艺术品。学徒的几年里，刻苦好学的贾文忠不但学到了傅先生的篆刻技艺，更将他的各种几乎失传的传拓技术传承了下来。其后，他又拜书法家大康为师，从大康先生处学到了颖拓技艺。那以后，全形拓成了他业余生活的另一种爱好，几十年来从未放下，过手的器物都会想办法拓下来。在不断摸索的过程中，他将学到的技艺融合创新，所拓器物，全形准确，纹饰清晰，铭文规范，笔画有序，而拓片上器物的阴阳明暗、凹凸远近在似与不似之间又有了传统中国画的古韵。最近，贾文忠正拟将全形拓技艺申报为国家非物质文化遗产。

喜欢钻研、做事认真的贾文忠在文物修复、文物鉴定上从来一丝不苟，生活中却也是好玩之人。秋斗蟋蟀、冬怀鸣虫、鞲鹰逐兔、挈狗捉獾、养鸽玩哨、"玩物成家"的王世襄，是他极仰慕的大家："玩的学问太大了，实际真正的大家都是玩出来的，像王世襄老先生，好玩，玩什么都玩出名堂来。"

早在二十年前，贾文忠就曾把附近挖电缆沟时翻出的一层胶泥捡回来，堆在院里，冻一冬天，晒一夏天，去掉泥性后再澄浆，得到了上好的澄浆泥。拉坯、晾晒、入窑，他做出了仿赵子玉和万里张式样的蛐蛐罐，送给王世襄先生鉴赏。

如今，他更是常常想去乡下租个小院，闲时当个农夫，伺候花草苗木。三五闭圆月，约上几个好友，持螯把酒，谈天讲地，才是惬意。

走进他的工作室，两张大大的工作台上，除了各种复制青铜器物的摆件，还卷放着很多全形拓片。他说，曾经拓过几千张铜镜的拓片，闲的时候，慢慢在拓片上配些小画作为自己的课业。在他的解说下一张张翻看，画中古意今趣让人回味。

见一面瑞兽双鸳铜镜的墨拓如圆月悬于画中，月下坐一个宽袍大袖的文人，散淡闲适。想象他在赏玩这古镜拓片、画出胸中镜像时，正有举杯邀古人，对饮谈金石的快意和洒脱吧。

周晓华2016年6月采写　贾文忠提供图片

北京日报"指尖下的传承"人物采写组

策划统筹：赵　婷　王丽敏

采　　写：刘　冕　杨思思

　　　　　赵　婷　崔　乐

　　　　　李　洋　周晓华